O. HENRY

REPOLLOS Y REYES

(Relatos de una República Bananera)

ERANDIQUE

LITERATURA

REPOLLOS Y REYES
(Relatos de una República Bananera)
O. Henry

©Colección Erandique
Antología de: Óscar Flores López
Diseño de portada: Andrea Rodríguez
Administración: Tesla Rodas y Jessica Cordero
Director Ejecutivo: José Azcona Bocock

Segunda Edición
Tegucigalpa, Honduras—Septiembre de 2024

Trabajadores en una finca de la Costa Norte de Honduras.

viven en la república centromericana de Anchuria, que no es otra que Honduras, donde el autor vivió seis meses entre 1896 y 1897".

Es un libro con frases y situaciones que pueden herir la susceptibilidad de algunos lectores hondureños. He aquí dos ejemplos:

"Son una raza de gente muy ignorante, señor", dijo el doctor, mientras metía el reloj en su bolsillo.

"No tanto una ciudad", dijo Goodwin, sonriendo. "Más bien un pueblo bananero. Cabañas de paja, cinco o seis casas de dos pisos, alojamiento limitado, población mestiza española e india, caribes y moros. No hay aceras de las que hablar, no hay diversiones. Más bien inmoral. Esa es una descripción improvisada, por supuesto".

El propio Goodwin suelta una sonrisa cuando cuenta que en Anhcuria "no hay tratado de extradición".

Eso explica que muchos estafadores, asesinos, vividores y prófugos de la ley estadounidense llegaran a ese nuevo paraíso centroamerincano.

Desde el punto de vista literario, Repollos y Reyes es un libro con alta calidad estética y una bella narrativa. No por nada, O. Henry es considerado uno de los mejores cuentistas de Estados Unidos.

En lo personal, veo al banano como uno de los grandes orgullos de los Hondureños. Así como el café. Por lo tanto, no hay razones para molestarse por este libro.

Después de todo, muchos de los temas que O. Henry trata con maestría en Repollos y Reyes (Cabbages and Kings), siguen tan vigentes en Honduras como a finales del Siglo XIX.

ÓSCAR FLORES LÓPEZ
EDITOR

¿UNA RAZA DE GENTE IGNORANTE?

Quizás sin quererlo, el escritor O. H enry dejó marcados a los hondureños para siempre, con una calificativo que, como si hubiera sido tatuados con un fierro caliente, nos persigue hasta la actualidad: **REPÚBLICA BANANERA.**

"Banana Republic", han dicho históricamente presidentes, senadores, congresistas, empresarios y estafadores estadounidenses para referirse a Honduas.

Todo inició —dice el escritor y artista de la lente, Arturo Sosa— cuando O. Henry escribió Repollos y Reyes en un oscuro y sucio hotel de Trujillo, Colón, mientras huía de la justicia norteamericana por haber cometido fraude como cajero en algún banco de su nativa Texas.

Aunque Henry, cuyo verdadero nombre era William Sydney Porter, no menciona directamente a Honduras, las características de Anchuria no dejan ninguna duda de qué se trata el asunto: un país centroamericano en el que las compañías bananeras ejercen una poderosa influencia.

"El término se sigue usando hoy para describir a un país pobre, inestable, corrupto y poco democrático que se mueve al vaivén de los intereses extranjeros", escribe Arturo Wallace de la BBC en su artículo ¿Cómo se convirtió Honduras en la "república bananera" por excelencia?

Pero en las primeras décadas del siglo XX la expresión se utilizaba fundamentalmente como una forma peyorativa para referirse a algunas naciones latinoamericanas y, en particular, a las de esa Centroamérica en la que O. Henry ubicó a Anchuria —agrega.

Y remata diciendo: "Y la etiqueta aún persigue al país que se asume le sirvió como modelo: Honduras".

"La gente recuerda 'Repollos y Reyes' como una fuente de estereotipos sobre Honduras y sobre Centroamérica en general", le dijo Jason Colby, profesor de historia de la universidad canadiense de Victoria, a Arturo Wallace. "Y ciertamente hay algo de eso".

En las distintas reseñas de Repollos y Reyes se coincide en una cosa: "Se trata de una colección de relatos de unos personajes que zarzaparrilla, índigo y caoba. Se dirá que la señorita Guilbert se casó con el señor Goodwin un mes después de la muerte del presidente, así, en el mismo momento en que la fortuna había dejado de sonreírle, le arrancó un regalo mayor que el premio perdido.

Del estadounidense don Frank Goodwin y de su esposa los nativos no tienen más que cosas buenas que decir. Don Frank ha vivido entre ellos durante años y se ha ganado su respeto. Su dama es fácilmente la reina de la vida social que ofrece la sobria costa. La propia esposa del gobernador del distrito, que pertenecía a la orgullosa familia castellana de Monteleón y Dolorosa de los Santos y Méndez, se siente honrada de desplegar su servilleta color oliva y anillada en la mesa de la señora Goodwin. Si te refirieras (con tus prejuicios norteños) al pasado vivaz de la Sra. Goodwin cuando su actuación audaz y alegre en la ópera ligera capturó la fantasía del viejo presidente, o a su participación en la caída y malversación de ese estadista, el encogimiento de hombros latino sería la única respuesta y refutación. Los prejuicios que había en Coralio con respecto a la señora Goodwin parecían ahora estar a su favor, sin importar lo que fueran en el pasado.

Parecería que la historia ha terminado, en lugar de comenzar; que el final de la tragedia y el clímax de un romance han cubierto el terreno de interés; pero, para el lector más curioso, será una pequeña instrucción para rastrear los estrechos hilos que subyacen a la ingeniosa red de circunstancias.

La lápida que lleva el nombre del presidente Miraflores es tallada diariamente con jabón y arena. Un viejo indio mestizo atiende la tumba con fidelidad y la minuciosidad holgazana de la pereza heredada. Corta con su machete la maleza y la interminable hierba, quita hormigas, escorpiones y escarabajos con sus dedos córneos, y rocía su césped con agua de la fuente de la plaza. No hay tumba en ninguna parte tan bien cuidada y ordenada.

Sólo siguiendo los hilos subyacentes se aclarará por qué alguien que nunca vio a ese desdichado estadista en vida o muerte le paga en secreto al viejo indio Gálvez para mantener verde la tumba del presidente Miraflores, y por qué ese alguien caminaba en el crepúsculo, lanzando desde la distancia miradas de dulce tristeza sobre ese montículo sin honor.

PRÓLOGO DEL CARPINTERO

Te dirán en Anchuria que el presidente Miraflores, de aquella volátil república, murió por su propia mano en el costero pueblo de Coralio; que había llegado hasta allí huyendo de los inconvenientes de una revolución inminente; y que cien mil dólares, fondos del gobierno, que llevaba consigo en un maletín de cuero americano como recuerdo de su tempestuosa administración, nunca más fueron recuperados.

Por un real, un niño te mostrará su tumba. Está detrás de la ciudad, cerca de un pequeño puente que cruza un pantano de manglares. Una lápida de madera lisa se encuentra en su cabecera. Alguien ha quemado sobre la lápida con hierro candente esta inscripción:

RAMÓN ÁNGEL DE LAS CRUZES
Y MIRAFLORES
PRESIDENTE DE LA REPÚBLICA
DE ANCHURIA
QUE DIOS SEA SU JUEZ

Es característico de este pueblo optimista no perseguir a nadie más allá de la tumba. "¡Que Dios sea su juez!". Incluso con los cien mil no encontrados, aunque muy codiciados, el alboroto no fue más allá.

Al forastero o al invitado la gente de Coralio le relatará la historia del trágico final de su expresidente; cómo se esforzó por escapar del país con los fondos públicos y también con doña Isabel Guilbert, la joven cantante de ópera estadounidense; y cómo, siendo aprehendido por miembros del partido político contrario en Coralio, se pegó un tiro en la cabeza para no entregar los fondos ni a la señorita Guilbert. Contarán además que doña Isabel, su barca aventurera de la fortuna, perturbada por la pérdida simultánea de su distinguido admirador y el recuerdo de los cien mil, echó el ancla en esta costa inactiva, a la espera de una mejor marea.

En Coralio dicen que encontró una marea pronta y próspera en la forma de Frank Goodwin, un residente estadounidense del pueblo, un inversor que se había enriquecido comerciando con los productos del país: un rey del plátano, un príncipe del caucho, un barón de

"El tiempo ha llegado", dijo la Morsa,
"De hablar de muchas cosas;
De zapatos, barcos y lacre,
Y de coles y reyes"

LA MORSA Y EL CARPINTERO

"Veo un barco cargando bananas", dijo Smith. "¿Algún pasajero viene ahí?".

Fuera de Coralio uno se entera de la impetuosa carrera de Isabel Guilbert. Nueva Orleans le dio a luz y la mezcla de la naturaleza criolla francesa y española que tiñó su vida con tanta turbulencia y calidez. Tenía poca educación, pero poseía un conocimiento de los hombres y sus motivos que parecía haberle llegado por instinto. Mucho más allá de la mujer común estaba dotada de una temeridad intrépida, de un amor por la búsqueda de la aventura hasta el borde del peligro, y de un deseo por los placeres de la vida. Su espíritu se inquietaba fácilmente; ella era Eva después de la caída, pero antes de que se sintiera su amargura. Llevaba la vida como una rosa en su pecho.

De la legión de hombres que habían estado a sus pies, se decía que sólo uno tuvo la suerte de atraer su atención. Al presidente Miraflores, el brillante pero inestable gobernante de Anchuria, le entregó la llave de su resuelto corazón. ¿Cómo, entonces, la encontramos (como dirían los coralianos) como la esposa de Frank Goodwin y felizmente viviendo una vida de inacción aburrida y soñadora?

Los hilos subyacentes llegan lejos, extendiéndose a través del mar. Al seguirlos, quedará claro por qué "Shorty" O'Day, de la Agencia de Detectives de Columbia, renunció a su cargo. Y, para un pasatiempo más agradable, será un deber y un deporte placentero vagar con Momus bajo las estrellas tropicales donde Melpomene una vez acechaba austero. Ahora a hacer resonar las risas de aquellas frondosas selvas y ceñudos riscos donde antiguamente resonaban los gritos de las víctimas de los piratas; dejar a un lado el pico y el machete y bromear alegremente; sacar una risita de júbilo del casco herrumbroso del romance, eso era agradable de hacer a la sombra de los limoneros en esa costa que se curva como labios dispuestos a sonreír.

Todavía hay cuentos de Tierra Firme. Ese segmento del continente bañado por el tempestuoso Caribe, y que presenta al mar una frontera formidable de selva tropical coronada por las imponentes Cordilleras, todavía está rodeada de misterio y romance. En tiempos pasados bucaneros y revolucionarios despertaron los ecos de sus acantilados, y el cóndor revoloteaba perpetuamente por encima de donde, en las verdes arboledas, le hacían comida con sus mosquetes y espadas. Tomada y retomada por los piratas, por los poderes adversos y por el repentino levantamiento de las facciones rebeldes, las históricas 300 millas de costa aventurera apenas han conocido durante cientos de años a quién llamar correctamente su amo. Pizarro, Balboa, Sir Francis Drake y Bolívar hicieron lo que pudieron para convertirlo en parte de la cristiandad. Sir John Morgan, Lafitte y otros eminentes espadachines la bombardearon y golpearon en nombre de Abaddon.

El juego aún continúa. Los cañones de los piratas están silenciados; pero el hombre del ferrotipo, el turista fotógrafo, el bandido de la fotografía ampliada, y los exploradores de la gentil brigada de faquires lo han descubierto y continúan con el trabajo. Los vendedores ambulantes de Alemania, Francia y Sicilia colocan su pequeño cambio en sus mostradores. Caballeros aventureros abarrotan las salas de espera de sus gobernantes con propuestas de ferrocarriles y concesiones. Las pequeñas naciones de la opéra bouffe juegan al gobierno y a la intriga hasta que un día, un gran y silencioso cañonero se desliza en el horizonte y les advierte que no rompan sus juguetes. Y con estos cambios viene también el pequeño aventurero, con los bolsillos vacíos para llenar, el corazón ligero, el cerebro ocupado: el príncipe de cuentos de hadas moderno, que lleva un despertador con el que, más seguramente que por un beso sentimental, despertará a los hermosos trópicos de su largo sueño. Generalmente lleva un trébol, que combina con orgullo con las extravagantes palmas; y es él quien ha hecho volar a Melpómene y ha puesto a bailar a la comedia ante las candilejas de la Cruz del Sur.

Entonces, hay una pequeña historia que contar sobre muchas cosas. Quizá al oído promiscuo de la morsa le resulte más provechoso; porque en él hay ciertamente zapatos y barcos y lacre y coles y presidentes en lugar de reyes.

Añade a esto un poco de amor y contramedida, y esparce por todo el laberinto una estela de dólares tropicales, dólares no más calentados por el sol abrazador que por las palmas calientes de los exploradores de la Fortuna, y, después de todo, aquí parece estar la vida misma, con suficiente charla como para cansar a la más locuaz de las morsas.

I: "ZORRO POR LA MAÑANA"

Coralio se reclinó, en el calor del mediodía, como una belleza vacía descansando en un harén protegido. El pueblo estaba al borde del mar en una franja de costa aluvial. Estaba engastado como una pequeña perla en una banda de esmeraldas. Detrás de él, y casi pareciendo derrumbarse, inminentemente, por encima de él, se alzaban las cordilleras siguiendo al mar. Al frente se extendía el mar, carcelero sonriente, pero aún más incorruptible que las ceñudas montañas. Las olas rompían a lo largo de la suave playa; los loros gritaban en los naranjos y las ceibas; las palmeras agitaban sus ágiles hojas como un coro incómodo ante la señal de entrada de la prima donna.

De pronto el pueblo estaba lleno de excitación. Un niño nativo corrió por una calle cubierta de hierba, gritando: "Busca al señor Goodwin. ¡Ha venido un telégrafo para él!"

La palabra se corrió rápidamente. Los telegramas no suelen llegar para nadie en Coralio. El grito buscando al señor Goodwin fue seguido por una docena de voces alteradas. La calle principal que corre paralela a la playa se llenó de quienes deseaban acelerar la entrega del mensaje. Grupos de mujeres con tez que variaba del olivo más pálido al marrón más profundo se reunían en las esquinas de las calles y cantaban lastimeramente: "¡Un telégrafo para el señor Goodwin!" El comandante, don señor coronel Encarnación Ríos, que era leal a los nativos y sospechaba de la devoción de Goodwin por los extranjeros, exclamó: "¡Ajá!" y escribió en su libro de memorias secretas el hecho acusatorio de que el señor Goodwin había recibido en aquella trascendental fecha un telegrama.

En medio del alboroto, un hombre se acercó a la puerta de un pequeño edificio de madera y miró hacia afuera. Encima de la puerta había un letrero que decía "Keogh y Clancy", una nomenclatura que no parecía ser autóctona de esa región tropical. El hombre de la puerta era Billy Keogh, explorador de la fortuna y el último explorador de Tierra Firme. Ferrotipos y fotografías eran las armas con las que Keogh y Clancy asaltaban en ese momento las costas desesperadas. Afuera de la tienda se colocaron dos grandes marcos llenos de muestras de su arte y habilidad.

Keogh se inclinó en la entrada, su semblante audaz y humorístico mostraba una mirada de interés por la inusual afluencia de vida y sonido en la calle. Cuando le quedó claro el significado de la perturbación, se llevó una mano a la boca y gritó: "¡Oye! ¡Frank!" con una voz tan robusta que el débil clamor de los indígenas fue ahogado y silenciado.

A cuarenta y cinco metros de distancia, en el lado de la calle que daba al mar, estaba la casa del cónsul de los Estados Unidos. De la puerta de este edificio salió Goodwin dando tumbos ante la llamada. Había estado fumando con Willard Geddie, el cónsul, en el porche trasero del consulado, que se consideraba el lugar más fresco de Coralio.

"Apresúrate", gritó Keogh. "Hay un alboroto en el pueblo por un telegrama que viene para ti. Tienes que tener cuidado con estas cosas, mi amigo. No es bueno jugar con los sentimientos del público de esta manera. Algún día obtendrás una nota rosa con aroma a violeta; y entonces el país se sumergirá en la agonía de una revolución".

Goodwin había paseado por la calle y se encontró con el niño que llevaba el mensaje. Las mujeres de grandes ojos lo miraron con tímida admiración, pues les resultaba atractivo. Era grande, rubio, y vestía alegremente de lino blanco, con zapatos de cuero. Sus modales eran corteses, con una especie de bondadosa truculencia, templados por una mirada misericordiosa. Cuando el telegrama fue entregado y el portador despedido con una gratificación, el pueblo aliviado volvió a las contigüidades de la sombra de las que la curiosidad lo había sacado: las mujeres a su cocción en los hornos de barro bajo los naranjos, o a el peinado interminable de sus cabellos largos y lacios; los hombres a sus cigarrillos y cotilleos en las cantinas.

Goodwin se sentó en la puerta de Keogh y leyó su telegrama. Era de Bob Englehart, un estadounidense que vivía en San Mateo, la ciudad capital de Anchuria, ochenta millas al interior. Englehart era un minero de oro, un revolucionario ardiente y "buena persona". Que era un hombre de recursos e imaginación lo demostraba el telegrama que había enviado. Había sido su tarea enviar un mensaje confidencial a su amigo en Coralio. Esto no podría haberse logrado ni en español ni en inglés, porque el ojo político en Anchuria estaba muy activo. Los nativos y los extranjeros estaban constantemente en guardia. Pero

Englehart era diplomático. Existía un solo código sobre el cual podía hacer una requisición con la promesa de seguridad: el gran y potente código coloquial. Entonces, este es el mensaje que se deslizó, sin interpretar, entre los dedos de funcionarios curiosos y llegó a los ojos de Goodwin:

> Su Excelencia se escabulló ayer por la línea de jack-rabbit con toda la moneda oculta y el paquete de muselina sobre el que está acurrucado. El tesoro tiene seis cifras cortas. Nuestro público está en buena forma, pero necesitamos los billetes. Tú atrápalo. El tipo principal y los productos secos se dirigen a la salobre. Sabes qué hacer.
>
> BOB.

Este escrito, por notable que fuera, no tenía ningún misterio para Goodwin. Era el más exitoso de la pequeña vanguardia de estadounidenses especuladores que había invadido Anchuria, y no había llegado a ese envidiable lugar sin haber ejercitado bien las artes de la previsión y la deducción. Había tomado la intriga política como un asunto de negocios. Tenía la agudeza suficiente para ejercer cierta influencia entre los principales conspiradores, y era lo suficientemente próspero como para poder ganarse el respeto de los pequeños funcionarios. Siempre hubo un partido revolucionario; y a él siempre se había aliado; porque los adherentes de una nueva administración recibieron las recompensas de sus trabajos. Ahora había un partido liberal que buscaba derrocar al presidente Miraflores.

Si la rueda giraba con éxito, Goodwin podía ganar una concesión de 30,000 manzanas de las mejores tierras cafetaleras del interior. Ciertos incidentes en la carrera reciente del presidente Miraflores habían despertado una aguda sospecha en la mente de Goodwin de que el gobierno estaba cerca de una disolución por otra causa que la de una revolución, y ahora el telegrama de Englehart había llegado como una corroboración de su sabiduría.

El telegrama, que había permanecido ininteligible para los lingüistas anchurianos que le habían aplicado en vano sus conocimientos del español y del inglés elemental, transmitía una estimulante noticia para el entendimiento de Goodwin. Le informó que el presidente de la república había salido de la ciudad capital con los fondos de la Tesorería. Además, que lo acompañó en su huida la aventurera Isabel Guilbert, la cantante de ópera, cuya compañía de artistas había sido entretenida por el presidente en San Mateo durante el mes pasado en una escala menos modesta que la que suelen recibir los visitantes reales. La referencia a la "línea jack-rabbit" no podía significar otra cosa que el sistema de transporte a lomo de mula que imperaba entre Coralio y la capital. La insinuación de que el "tesoro" tenía "seis cifras cortas" dejó lamentablemente clara la condición de la Tesorería Nacional. También era convincentemente cierto que el partido entrante, cuyo camino ahora era pacífico, necesitaría los billetes. A menos que se cumplieran sus promesas, y el botín reservado para el deleite de los vencedores, ciertamente precario, sería la posición del nuevo gobierno. Por lo tanto, era muy necesario "atrapar al tipo principal" y recuperar los recursos de la guerra y el gobierno.

Goodwin le entregó el mensaje a Keogh.

"Lee esto, Billy", dijo él. "Es de Bob Englehart. ¿Puedes descifrarlo?"

Keogh se sentó en el otor lado de la puerta, y examinó cuidadosamente el telegrama.

"No es un código", dijo finalmente. "Esto es lo que llaman literatura, y ese es un tipo de lenguaje puesto en boca de la gente común. Las revistas lo inventaron, pero nunca antes supe que el presidente Norvin Green lo había sellado con su aprobación. Ya no es literatura, sino lenguaje. Los diccionarios lo intentaron, pero no pudieron hacerlo nada más que dialecto. Claro, ahora que Western Union lo respalda, no pasará mucho tiempo hasta que surja una raza de personas que lo hablen".

"Estás yendo demasiado a la filología, Billy", dijo Goodwin. "¿Entiendes el significado de eso?"

"Claro", respondió el filósofo de la fortuna. "Todos los idiomas resultan fáciles para el hombre que debe conocerlos. Incluso he entendido una orden de evacuación en chino clásico cuando estaba respaldada por la boca de un cargador. Este pequeño ensayo literario que tengo en mis manos se refiere a un juego de Zorro por la mañana. ¿Alguna vez jugaste eso, Frank, cuando eras niño?"

"Creo que sí", dijo Goodwin riéndose. "Todos se toman de la mano, y ..."

"No", interrumpió Keogh. "Lo estás confundiendo con 'Todos alrededor del rosal'. La esencia de 'Zorro por la mañana' se opone a la de tomarse de las manos. Te diré cómo se juega. Este hombre presidente y su compañero en el juego se paran en San Mateo, listos para correr, y gritan: '¡Zorro por la mañana!' Tú y yo, parados aquí, decimos: '¡El ganso y la gansa!' Ellos dicen: '¿Cuántas millas hay hasta la ciudad de Londres?' Nosotros decimos: 'Solo unas pocas, si tus piernas son lo suficientemente largas. ¿Cuántos salen?' Responden: 'Más de los que eres capaz de atrapar'. Y luego comienza el juego".

"Entiendo la idea", dijo Goodwin. "No dejaremos que el ganso y la gansa se nos escapen de los dedos, Billy; sus plumas son demasiado valiosas. Nuestra multitud está preparada y es capaz de controlar el gobierno de inmediato; pero con la Tesorería vacía nos mantendríamos en el poder tanto tiempo como un inexperto en lomos de un potro salvaje. Debemos jugar al zorro en cada pie de la costa para evitar que salgan del país".

"Son cinco días a lomos de mula desde San Mateo", dijo Keogh. "Tenemos mucho tiempo para establecer nuestros puestos de avanzada. Solo hay tres lugares en la costa desde donde pueden zarpar: aquí, Solitas y Alazan. Son los únicos puntos que tendremos que proteger. Es tan fácil como una jugada de ajedrez: jugar al zorro y jaque mate en tres movimientos. Oh, ganso, ganso, ganso ¿adónde vas? Por la bendición del telégrafo literario, el tesoro de esta patria ignorante será preservado para el partido político honesto que busca derrocarlo".

La situación había sido bien descrita por Keogh. El camino descendente desde la capital fue en todo momento un camino agotador para viajar. Fue un viaje difícil; frío y caliente, húmedo y seco. El sendero trepaba por montañas espantosas, se enrollaba como una cuerda podrida en las cimas de precipicios empinados, se sumergía en gélidos arroyos alimentados por la nieve y serpenteaba a través de bosques sin sol repletos de amenazantes insectos y vida animal. Después de descender a las colinas, se convirtió en un tridente, y la punta central terminaba en Alazan; otra se desvió hacia Coralio; la tercera penetró hasta Solitas. Entre el mar y el pie de la colina se extendía la costa aluvial de cinco millas de ancho. Aquí estaba la flora de los trópicos en su crecimiento más frondoso y pródigo. Espacios aquí y allá habían sido arrebatados a la selva y sembrados con plátanos, caña y naranjos. El resto era un tumulto de vegetación salvaje, hogar de monos, tapires, jaguares, caimanes e increíbles reptiles e insectos. Donde no había camino abierto, una serpiente apenas podía abrirse camino a través de la maraña de lianas y enredaderas. A través de los traicioneros manglares, pocas cosas sin alas podrían pasar con seguridad. Por lo tanto, los fugitivos solo podían esperar llegar a la costa por una de las rutas mencionadas.

"Mantén el asunto en secreto, Billy", advirtió Goodwin. "No queremos que los nativos sepan que el presidente está huyendo. Supongo que la información de Bob es algo así como una primicia en la capital todavía. De lo contrario, no habría intentado que su mensaje fuera confidencial; y además, todo el mundo se habría enterado de la noticia. Voy a dar una vuelta ahora para ver al Dr. Zavalla y enviar a un hombre por el sendero para cortar el cable del telégrafo".

Mientras Goodwin se levantaba, Keogh arrojó su sombrero sobre el césped junto a la puerta y dio un tremendo suspiro.

"¿Qué pasa, Billy?" preguntó Goodwin, deteniéndose. "Es la primera vez que te escucho suspirar".

"Y es la última", dijo Keogh. "Con ese triste soplo de viento me resigno a una vida de honradez loable pero acosadora. ¿Qué son los ferrotipos para las oportunidades de la gran e hilarante clase de gansos? No es que fuera a ser presidente, Frank, y el tesoro que tiene es demasiado grande para que yo la maneje, pero en cierto modo siento que me duele la conciencia por volverme adicto a fotografiar una nación en lugar de apropiarme de ella. Frank, ¿alguna vez viste el 'paquete de muselina' que Su Excelencia envolvió y se llevó?"

"¿Isabel Guilbert?", dijo Goodwin riéndose. "No, nunca lo hice. Sin embargo, por lo que he oído de ella, me imagino que no se apegaría a nada para lograr su objetivo. No te pongas romántico, Billy. A veces empiezo a temer que haya sangre irlandesa en tu ascendencia".

"Yo tampoco la vi nunca", continuó Keogh; "pero dicen que tiene a todas las damas de la mitología, la escultura y la ficción reducidas a cromos. Dicen que puede mirar a un hombre una vez, y él se volverá mono y trepará a los árboles para recoger cocos para ella. ¡Piensa en ese presidente con quien sabe cuántos cientos de miles de dólares en una mano, y esta sirena de muselina en la otra, galopando cuesta abajo en una mula simpática entre pájaros cantores y flores! ¡Y aquí está Billy Keogh, porque es virtuoso, condenado a la inútil estafa de calumniar las caras de los eslabones perdidos en la hojalata para ganarse la vida honradamente! Es una injusticia de la naturaleza".

"Anímate", dijo Goodwin. "Eres un zorro bastante pobre para estar envidiando a un ganso. Tal vez la encantadora Guilbert te tome cariño a ti y a tus ferrotipos después de que empobrezcamos a su escolta real".

"Podría ser peor", reflexionó Keogh; "pero no lo hará. No es una galería de ferrotipos, sino la galería de los dioses que ella está preparada para adornar. Es una dama muy malvada, y el presidente está de suerte. Espera, escucho a Clancy maldecir en el cuarto trasero por tener que hacer todo el trabajo". Y Keogh se lanzó hacia la parte trasera de la "galería", silbando alegremente de una manera espontánea que desmentía su reciente suspiro por la cuestionable buena suerte del presidente fugitivo.

Goodwin pasó de la calle principal a una mucho más estrecha que la cruzaba en ángulo recto.

Estas calles laterales estaban cubiertas por una espesa hierba, que los machetes de la policía mantenían a una altura navegable. Aceras de piedra, de poco más de un saliente de ancho, corrían a lo largo de la base de las miserables y monótonas casas de adobe. En las afueras del pueblo, estas calles se reducían a nada; y aquí se instalaron las chozas con techo de palma de los caribes y los nativos más pobres, y las cabañas destartaladas de los negros de Jamaica y las islas de las Indias Occidentales. Sobre los techos de tejas rojas de las casas de una sola planta asomaban algunas estructuras: el campanario de la Calaboza, el Hotel de los Extranjeros, la residencia del agente de la Vesuvius Fruit Company, la tienda y residencia de Bernard Brannigan, la catedral en ruinas en la que Colón había estado una vez y, lo más imponente de todo, la Casa Morena, la "Casa Blanca" de verano del presidente de Anchuria. En la calle principal que bordeaba la playa, el Broadway de Coralio, estaban las tiendas más grandes, la bodega y la oficina de correos del gobierno, el cuartel, las tiendas de ron y la plaza del mercado.

En su camino, Goodwin pasó por la casa de Bernard Brannigan. Era un edificio moderno de madera, de dos pisos de altura. La planta baja estaba ocupada por la tienda de Brannigan, la superior contenía las habitaciones. Un amplio y fresco porche rodeaba la casa hasta la mitad de las paredes exteriores. Una chica guapa y vivaz, pulcramente vestida de un blanco vaporoso, se inclinó sobre la barandilla y le sonrió a Goodwin. No era más oscura que muchos andaluces de alta ascendencia; y ella brillaba y resplandecía como la luz de la luna tropical.

"Buenas tardes, señorita Paula", dijo Goodwin, quitándose el sombrero, con su pronta sonrisa. Había poca diferencia en su manera de hablar si se dirigía a mujeres o a hombres. A todos en Coralio les gustaba recibir el saludo del gran americano.

"¿Hay alguna noticia, Sr. Goodwin? Por favor, no diga que no. ¿No hace calor? Me siento como Mariana en su granero con foso, ¿o era una estufa? Hace bastante calor".

"No, no hay nada que contar, me temo", dijo Goodwin, con una mirada traviesa en los ojos, "excepto que el viejo Geddie está cada día más gruñón. Si no sucede algo para aliviar su mente, tendré que dejar de fumar en su porche trasero, y no hay otro lugar disponible que sea lo suficientemente fresco".

"Él no es gruñón", dijo Paula Brannigan, impulsivamente, "cuando él…"

Pero ella se detuvo de repente y retrocedió con un color cada vez más profundo; pues su madre había sido una dama mestiza, y la sangre española le había dado a Paula cierta timidez que adornaba la otra mitad de su carácter demostrativo.

II: EL LOTO Y LA BOTELLA

Willard Geddie, cónsul de Estados Unidos en Coralio, trabajaba tranquilamente en su informe anual. Goodwin, que había entrado como lo hacía todos los días para fumar en el codiciado porche, lo encontró tan absorto en su trabajo que se fue después de insultar rotundamente al cónsul por su falta de hospitalidad.

"Me quejaré con el departamento de servicio civil", dijo Goodwin; "¿es un departamento? Tal vez sea solo de palabra. Uno no recibe ni cortesía ni servicio de usted. No habla y no ofrece nada de beber. ¿Qué forma es esa de representar a su gobierno?".

Goodwin salió y cruzó el hotel para ver si podía convencer al médico de cuarentena para que jugara en la única mesa de billar de Coralio. Sus planes se completaron para la interceptación de los fugitivos de la capital; y ahora no era más que un juego de espera al que tenía que jugar.

El cónsul estaba interesado en su informe. Tenía sólo veinticuatro años; y no había estado en Coralio el tiempo suficiente para que su entusiasmo se enfriara en el calor de los trópicos, una paradoja que puede admitirse entre Cáncer y Capricornio.

Tantos miles de racimos de plátanos, tantos miles de naranjas y cocos, tantas onzas de oro en polvo, tantas libras de caucho, café, añil y zarzaparrilla, en realidad, las exportaciones eran un veinte por ciento mayores que el año anterior.

Una pequeña sensación de satisfacción recorrió al cónsul. Tal vez, pensó, el Departamento de Estado, al leer su introducción, se daría cuenta, y luego se recostó en su silla y se puso a reír. Se estaba poniendo tan mal como los demás. Por un momento había olvidado que Coralio era un pueblecito insignificante en una república insignificante a orillas de un mar de segunda categoría. Pensó en Gregg, el médico de cuarentena, que estaba suscrito al London Lancet, esperando encontrarlo citando sus informes a la Junta de Salud local sobre el germen de la fiebre amarilla. El cónsul sabía que ni uno de cada cincuenta de sus conocidos en los Estados Unidos había oído hablar de Coralio. Sabía que, en cualquier caso, dos hombres tendrían que leer su informe: un subordinado del Departamento de Estado y un compositor de la Imprenta Pública. Tal vez el tipógrafo notaría el aumento del comercio en Coralio y hablaría de ello, comiendo y bebiendo, con un amigo.

Acababa de escribir: "Lo más inexplicable es la indolencia de los grandes exportadores de los Estados Unidos al permitir que las casas francesa y alemana controlen prácticamente los intereses comerciales de este país rico y productivo", cuando escuchó las notas graves de la sirena de un barco de vapor.

Geddie dejó la pluma y recogió su sombrero y su paraguas. Por el sonido supo que era el *Valhalla*, uno de los barcos fruteros que navegaban para la Vesuvius Company. Hasta niños de cinco años, todos en Coralio, podrían nombrarte cada barco entrante por la nota de su sirena.

El cónsul caminó por una glorieta sombreada que conducía a la playa. Debido a una larga práctica calculó su paseo con tanta precisión que, cuando llegó a la orilla arenosa, el bote de los funcionarios de aduanas regresaba remando del barco, que había sido abordado e inspeccionado de acuerdo con las leyes de Anchuria.

No hay puerto en Coralio. Los barcos del calado del *Valhalla* deben navegar anclados a una milla de la costa. Cuando recogen fruta, la transportan en pequeñas embarcaciones de carga. En Solitas, donde había un buen puerto, se veían navíos de muchas clases, pero en la rada de Coralio apenas se detenía alguno, salvo los fruteros. De vez en cuando, un barco de cabotaje, o un misterioso bergantín de España, o una atrevida barca francesa, esperaban inocentemente durante unos días a la vista. Entonces el personal de la aduana se volvería doblemente vigilante y cauteloso. Por la noche, una o dos balandras hacían viajes extraños a lo largo de la costa; y por la mañana las existencias de Three-Star Hennessey, vinos y productos secos en Coralio aumentarían enormemente. También se ha dicho que los funcionarios de aduanas tenían más plata en los bolsillos de sus pantalones de rayas rojas, y que los libros de registro no mostraron ningún aumento en los derechos de importación recibidos.

El bote de aduanas y la canoa del *Valhalla* llegaron a la orilla al mismo tiempo. Cuando encallaron en las aguas poco profundas, aún quedaban cinco metros de olas entre ellos y la arena seca. Luego, los caribes semidesnudos se lanzaron al agua y trajeron sobre sus espaldas al sobrecargo del *Valhalla* y a los pequeños oficiales nativos con sus camisetas de algodón, pantalones azules con rayas rojas y sombreros de paja ondeantes.

En la universidad, Geddie había sido un gran jugador de primera base. Cerró su sombrilla, lo clavó en la arena y se inclinó, con las manos apoyadas en las rodillas. El sobrecargo, burlándose de la pose de este, arrojó al cónsul el pesado rollo de periódicos, atado con una cuerda, que siempre le traía el barco. Geddie saltó y atrapó el rollo con un sonoro "golpe". Los holgazanes en la playa, alrededor de un tercio de la población del pueblo, rieron y aplaudieron encantados. Cada semana esperaban ver ese rollo de papeles entregado y recibido de la misma manera, y nunca se sintieron defraudados. Las innovaciones no florecieron en Coralio.

El cónsul abrió su sombrilla y caminó de regreso al consulado.

Esta casa del representante de una gran nación era una estructura de madera de dos habitaciones, con una galería de postes, bambú y palma nipa construida por los nativos que se extendía por tres lados. Una de las habitaciones era el apartamento oficial, modestamente amueblado con un escritorio plano, una hamaca y tres incómodas sillas de mimbre. Grabados del primer y último presidente del país representado colgaban de la pared. La otra habitación era la vivienda del cónsul.

Eran las once cuando volvió de la playa, y por tanto la hora del desayuno. Chanca, la mujer caribe que cocinaba para él, estaba sirviendo la comida en el costado de la galería frente al mar, un lugar famoso por ser el más fresco de Coralio. El desayuno consistió en sopa de aleta de tiburón, guiso de cangrejos de tierra, fruta del pan, filete de iguana hervido, aguacates, piña recién cortada, vino y café.

Geddie se sentó y desenrolló con lujuriosa pereza su fajo de periódicos. Aquí en Coralio, durante dos días o más, leía sobre los acontecimientos en el mundo, así como nosotros, en el mundo, leíamos esas contribuciones fantásticas a la ciencia inexacta que se supone que retratan los hechos de los marcianos. Una vez que hubiera terminado con los periódicos, los enviaría a los demás residentes de habla inglesa de la ciudad.

El primer periódico que le llegó a la mano era uno de esos voluminosos colchones de material impreso sobre los que se supone que los lectores de ciertas revistas de Nueva York toman su siesta literaria del sábado. Abriéndolo, el cónsul lo apoyó sobre la mesa, soportando su peso con la ayuda del respaldo de una silla. Luego tomó su comida, volteando las hojas de vez en cuando y mirando medio ociosamente el contenido.

En ese momento le llamó la atención algo familiar para él en una imagen: una reproducción de media página, mal impresa, de una fotografía de un barco. Un poco interesado, se inclinó para un examen más detenido y una vista de los floridos titulares de la columna junto a la imagen.

Sí; no se equivocó. La imagen era del yate de ochocientas toneladas *Idalia*, perteneciente a "ese príncipe de los buenos compañeros, el Midas del mercado monetario y el ejemplo de perfección de la sociedad, J. Ward Tolliver".

Mientras sorbía lentamente su café negro, Geddie leyó la columna impresa. Después de una declaración enumerada de los bienes raíces y bonos del Sr. Tolliver, vino una descripción del mobiliario del yate, y luego la noticia no más grande que una semilla de mostaza. El Sr. Tolliver, con un grupo de invitados favoritos, navegaría al día siguiente en un crucero de seis semanas a lo largo de las costas de Centroamérica y Sudamérica y entre las Islas Bahamas. Entre los invitados estaban la Sra. Cumberland Payne y la Srta. Ida Payne, de Norfolk.

El escritor, con la fatua presunción que le exigían sus lectores, había inventado una novela a la medida de sus paladares. Puso entre paréntesis los nombres de la señorita Payne y el señor Tolliver hasta que leyó un poco sobre la ceremonia de matrimonio de ellos. Tocó tímida e insinuantemente los acordes de "on dit" y "Madame Rumour" y "a little bird" y "no one would be surprised", y terminó con felicitaciones.

Geddie, habiendo terminado su desayuno, llevó sus periódicos al borde de la galería y se sentó allí en su silla favorita con los pies sobre la barandilla de bambú. Encendió un cigarro y miró hacia el mar. Sintió una oleada de satisfacción al descubrir que estaba tan poco perturbado por lo que había leído. Se dijo a sí mismo que había vencido la angustia que lo había enviado, un exilio voluntario, a esta lejana tierra del loto. Por supuesto, nunca podría olvidar a Ida; pero ya no había dolor al pensar en ella. Cuando tuvieron ese malentendido y esa pelea, él había buscado impulsivamente este consulado, con el deseo de vengarse de ella alejándose de su mundo y presencia. Había tenido éxito en eso. Durante los doce meses de su vida en Coralio no se había cruzado ninguna palabra entre ellos, aunque a veces había oído hablar de ella a través de la lenta correspondencia con los pocos amigos a los que todavía escribía. Aun así, no pudo reprimir un pequeño sentimiento de satisfacción al saber que ella aún no se había casado con Tolliver ni con nadie más. Pero, evidentemente, Tolliver aún no había abandonado la esperanza.

Bueno, ahora no le importaba. Había comido del loto. Estaba feliz y contento en esta tierra de la tarde perpetua. Esos viejos tiempos de vida en los Estados Unidos parecían un sueño irritante. Esperaba que Ida fuera tan feliz como él. El clima tan suave como el de la lejana Avalon; el pasar idílico y sin ataduras de los días encantados; la vida entre este pueblo indolente y romántico, una vida llena de música, flores y risas; la influencia del mar y las montañas inminentes, y las muchas formas de amor, magia y belleza que florecían en las noches blancas del trópico, con todo lo que estaba más que satisfecho. Además, estaba Paula Brannigan.

Geddie tenía la intención de casarse con Paula, si, por supuesto, ella consentía; pero estaba bastante seguro de que ella aceptaría. De alguna manera, siguió posponiendo su propuesta. Varias veces había estado muy cerca de hacerlo, pero algo misterioso siempre lo detuvo. Quizás fue sólo la convicción inconsciente e instintiva de que el acto rompería el último lazo que lo unía a su viejo mundo.

Podría ser muy feliz con Paula. Pocas de las muchachas nativas podrían compararse con ella. Había asistido a una escuela de monjas en Nueva Orleans durante dos años; y cuando decidió mostrar sus logros, nadie pudo detectar ninguna diferencia entre ella y las chicas de Norfolk y Manhattan. Pero era delicioso verla en casa vestida, como a veces lo estaba, con el traje nativo, con los hombros descubiertos y las mangas sueltas.

Bernard Brannigan fue el gran comerciante de Coralio. Además de su tienda, mantuvo una ruta de mulas de carga y llevó a cabo un comercio activo con los pueblos y aldeas del interior. Se había casado con una mujer nativa de alta ascendencia castellana, pero con un matiz moreno indio en sus mejillas aceitunadas. La unión de los irlandeses y los españoles había producido, como tan a menudo, un retoño de rara belleza y variedad. Eran personas realmente excelentes, y el piso superior de su casa estaba listo para ser puesto al servicio de Geddie y Paula tan pronto como él se decidiera a hablar de ello.

Después de dos horas, el cónsul se cansó de leer. Los periódicos yacían esparcidos a su alrededor en la galería. Reclinado allí contemplaba soñadoramente un Edén. Un grupo de plantas de banano interpuso sus amplios escudos entre él y el sol. La suave pendiente desde el consulado hasta el mar estaba cubierta por el follaje verde oscuro de limoneros y naranjos que acababan de florecer. Una laguna atravesaba la tierra como un cristal oscuro e irregular, y sobre ella una ceiba pálida se elevaba casi hasta las nubes. Los cocoteros ondulantes en la playa encendían sus decorativas hojas verdes contra la pizarra de un mar casi inactivo. Sus sentidos eran conscientes de escarlatas y ocres brillantes en medio del monte bajo, de olores de frutas y flores y el humo del horno de barro de Chanca debajo del árbol de calabaza; de la risa aguda de las mujeres nativas en sus chozas, el canto del petirrojo, el sabor salado de la brisa, el diminuendo del leve oleaje que corre a lo largo de la orilla, y, gradualmente, de una pequeña mancha blanca, que se vuelve borrosa, que se asomaba en el sombrío horizonte del mar.

Con un interés perezoso, observó que la imagen borrosa aumentaba hasta que se convirtió en el *Idalia* que navegaba a toda velocidad, bajando por la costa. Sin cambiar de posición, mantuvo los ojos fijos en el hermoso yate blanco mientras se acercaba rápidamente y se colocaba frente a Coralio. Luego, sentándose erguido, lo vio flotar constantemente y seguir adelante. Apenas una milla de mar la separaba de la orilla. Había visto el destello frecuente de su trabajo de latón pulido y las franjas de sus toldos: todo eso y nada más. Como un barco en el tobogán de una linterna mágica, el *Idalia* había cruzado el círculo iluminado del pequeño mundo del cónsul y se había ido. Salvo por la diminuta nube de humo que quedó suspendida sobre el borde del mar, podría haber sido una cosa inmaterial, una ilusión de su cerebro ocioso.

Geddie entró en su oficina y se sentó a perder el tiempo con su informe. Si la lectura del artículo del periódico lo había dejado imperturbable, el paso silencioso del *Idalia* había hecho aún más por él. Había traído la calma y la paz de una situación de la que se había borrado toda incertidumbre. Sabía que a veces los hombres esperan sin ser conscientes de ello. Ahora, dado que ella había recorrido dos mil millas y había pasado sin una señal, ni siquiera su yo inconsciente necesitaba aferrarse más al pasado.

Después de la cena, cuando el sol estaba ya detrás de las montañas, Geddie caminó por la pequeña franja de playa bajo los cocos. El viento soplaba suavemente tierra adentro y la superficie del mar estaba ondulada por diminutas olas.

Una ola en miniatura, que se extendía con un suave "crujido" sobre la arena, trajo consigo algo redondo y brillante que volvió a rodar cuando la ola retrocedió. La siguiente ola lo despejó y Geddie lo recogió. La cosa era una botella de vino de cuello largo de vidrio incoloro. El corcho había sido clavado apretadamente hasta el nivel de la boca, y el extremo cubierto con lacre de color rojo oscuro. La botella contenía sólo lo que parecía ser una hoja de papel, muy arrugada por la manipulación que había sufrido al insertarla. En el lacre había la impresión de un sello, probablemente de un anillo de sello, con las iniciales de un monograma; pero la impresión se había hecho apresuradamente, y las cartas no eran más seguras que una astuta conjetura. Ida Payne siempre había llevado un anillo de sello con preferencia a cualquier otra decoración en el dedo. Geddie pensó que podía distinguir el familiar "IP"; y una extraña sensación de inquietud se apoderó de él. Este recuerdo de ella era más personal e íntimo que la visión del barco en el que sin duda se encontraba. Regresó a su casa y puso la botella en su escritorio.

Se quitó el sombrero y el abrigo y encendió una lámpara, pues la noche se había precipitado sobre el breve crepúsculo, y comenzó a examinar su pieza de salvamento marítimo.

Acercando la botella a la luz y haciéndola girar juiciosamente, descubrió que contenía una doble hoja de papel llena de escritura; además, que el papel era del mismo tamaño y color que el que siempre usaba Ida; y que, según su leal saber y entender, la letra era de ella. El cristal imperfecto de la botella distorsionaba tanto los rayos de luz que no podía leer ni una palabra de lo escrito; pero ciertas letras mayúsculas, de las que captó vislumbres comprensivos, eran de Ida, estaba seguro.

Había una pequeña sonrisa tanto de perplejidad como de regocijo en los ojos de Geddie cuando dejó la botella y colocó tres cigarros uno al lado del otro sobre su escritorio. Fue a buscar su silla a la galería y se estiró cómodamente. Se fumaría esos tres cigarros mientras consideraba el problema.

Pues equivalía a un problema. Casi deseó no haber encontrado la botella; pero la botella estaba allí. ¿Por qué habría de venir del mar, de donde vienen tantas cosas inquietantes, para perturbar su paz?

En esta tierra de ensueño, donde el tiempo parecía tan redundante, había adquirido el hábito de pensar mucho incluso en asuntos insignificantes.

Empezó a especular sobre muchas teorías fantasiosas respecto a la historia de la botella, rechazando cada una de ellas.

Los barcos en peligro de naufragio o inhabilitados a veces arrojan mensajes precarios pidiendo ayuda. Pero no hacía ni tres horas que había visto el *Idalia*, seguro y veloz. ¡Supongamos que la tripulación se hubiera amotinado y encarcelado a los pasajeros de abajo, y el mensaje fuera uno pidiendo socorro! Pero, ante un ultraje tan improbable, ¿se habrían tomado la molestia los agitados prisioneros de llenar cuatro páginas de papel con argumentos cuidadosamente escritos para su rescate?

Así, mediante la eliminación, pronto libró el asunto de las teorías más inverosímiles y se redujo, aunque de manera adversa, a la menos cuestionable de que la botella contenía un mensaje para él mismo. Ida sabía que estaba en Coralio; debe haber lanzado la botella mientras el yate pasaba y el viento soplaba bastante hacia la orilla.

Tan pronto como Geddie llegó a esta conclusión, una arruga apareció entre sus cejas y un gesto obstinado se asentó alrededor de su boca. Se sentó mirando a través de la puerta a las gigantescas luciérnagas que atravesaban las tranquilas calles.

Si se trataba de un mensaje de Ida para él, ¿qué podía significar sino una insinuación hacia una reconciliación? Y si era así, ¿por qué no había utilizado los mismos métodos del correo en lugar de este medio de comunicación incierto y hasta frívolo? ¡Una nota en una botella vacía, arrojada al mar! Había algo simple y frívolo en ello, si no realmente despectivo.

El pensamiento agitó su orgullo y sometió cualquier emoción que hubiera resucitado al encontrar la botella.

Geddie se puso el abrigo y el sombrero y salió. Siguió una calle que lo llevó por el borde de la placita donde tocaba una banda y la gente deambulaba, despreocupada e indolente. Algunas señoritas timoratas que pasaban corriendo con luciérnagas enredadas en las trenzas de espiga de sus cabellos lo miraban con ojos tímidos y halagadores. El aire estaba lánguido con el aroma del jazmín y el azahar.

El cónsul detuvo sus pasos en casa de Bernard Brannigan. Paula se balanceaba en una hamaca en la galería. Se levantó de ella como un pájaro de su nido. Se sonrojó con el sonido de la voz de Geddie.

Quedó encantado al ver su traje: un vestido de muselina con volantes, con una pequeña chaqueta de franela blanca, todo hecho con pulcritud y estilo. Sugirió dar un paseo y caminaron hasta el viejo pozo en el camino de la colina. Se sentaron en el borde y allí Geddie pronunció el discurso esperado pero largamente aplazado. Aunque había estado seguro de que ella no le diría que no, estaba emocionado de alegría por la plenitud y la dulzura de su rendición. Seguramente aquí había un corazón hecho para el amor y la constancia. Aquí no hubo caprichos ni cuestionamientos ni capciosas normas de convención.

Cuando Geddie besó a Paula en su puerta esa noche, estaba más feliz que nunca. "Aquí, en esta tierra de lotos huecos, para siempre vivir y yacer reclinado" le pareció, como les ha parecido a muchos marineros, lo mejor y lo más fácil. Su futuro sería ideal. Había alcanzado un paraíso sin serpiente. Su Eva sería de hecho una parte de él, sin seducir y, por lo tanto, más seductora. Había tomado su decisión esa noche, y su corazón estaba lleno de felicidad serena y segura.

Geddie volvió a su casa silbando aquella canción de amor fina y triste, "La Golondrina". En la puerta, su mono domesticado saltó de su estante, parloteando enérgicamente. El cónsul se dirigió a su escritorio para buscar algunas nueces que solía guardar allí. Buscando en la penumbra, su mano golpeó contra la botella. Se sobresaltó como si hubiera tocado la fría rotundidad de una serpiente.

Había olvidado que la botella estaba allí.

Encendió la lampara y alimentó al mono. Después, muy deliberadamente, encendió un cigarro, tomó la botella en su mano y caminó hacia la playa.

Había luna y el mar estaba glorioso. La brisa había cambiado, como lo hacía cada tarde, y soplaba constantemente hacia el océano.

Acercándose al borde del agua, Geddie arrojó la botella sin abrir al mar. Se hundió por un momento, y luego salió disparada hacia arriba el doble de su longitud. Geddie se quedó quieto, mirándola. La luz de la luna era tan brillante que podía verla subiendo y bajando con las pequeñas olas. Lentamente se alejó de la orilla, echando un vistazo y girando a medida que avanzaba. El viento se la llevaba mar adentro. Pronto se convirtió en un simple punto, apenas percibido a intervalos irregulares; y luego su misterio fue absorbido por el misterio aún mayor del océano. Geddie se quedó quieto en la playa, fumando y mirando el agua.

"¡Simón! ¡Oh, Simón!, ¡Despierta, Simón!", gritó una fuerte voz en el borde del agua.

El viejo Simón Cruz era un mestizo pescador y contrabandista que vivía en una choza en la playa. Así despertó Simón de su siesta.

Se puso los zapatos y salió. Apenas desembarcando de uno de los botes del *Valhalla* estaba el tercer oficial de ese barco, que era un conocido de Simón, y tres marineros del frutero.

"Sube, Simón", ordenó el oficial, "y encuentra al Dr. Gregg o al Sr. Goodwin o a cualquiera que sea amigo del Sr. Geddie, y tráelos aquí de inmediato".

"¡Santo cielo!", dijo Simón, somnoliento, "¿le pasó algo al Sr. Geddie?".

"Está debajo de esa lona", dijo el oficial, señalando el bote, "casi se ahogaba. Lo vimos desde el barco a casi una milla de la costa, nadando como un loco detrás de una botella que flotaba en el agua. Bajamos la canoa y partimos hacia él. Casi tenía la mano sobre la botella, cuando se rindió y se hundió. Lo sacamos a tiempo para salvarlo, tal vez; pero el médico es el que decidirá eso".

"¿Una botella?", dijo el viejo, tallándose los ojos. Todavía no estaba totalmente despierto. "¿Dónde está la botella?".

"A la deriva por ahí", dijo el oficial, señalando con el pulgar hacia el mar. "Ve ya, Simón".

III: SMITH

Goodwin y patriota Zavalla tomaron todas las precauciones que su previsión pudo concebir para impedir la fuga del presidente Miraflores y su acompañante. Enviaron mensajeros de confianza por la costa a Solitas y Alazan para advertir a los líderes locales de la fuga, y para instruirlos para que patrullen y arresten a los fugitivos a toda costa si aparecen en ese territorio. Hecho esto, sólo quedaba recorrer el barrio de Coralio y esperar la llegada de la presa. Las redes estaban bien extendidas. Eran tan pocos los caminos, tan limitadas las oportunidades de embarque, y tan bien resguardados los dos o tres probables puntos de salida, que sería extraño en verdad que entre las mallas se colara tanta dignidad, romance y garantía del país. El presidente, sin duda, se movería lo más secretamente posible y se esforzaría por abordar un barco sigilosamente desde algún punto apartado de la costa.

El cuarto día después de recibir el telegrama de Englehart, el *Karlsefin*, un barco de vapor noruego fletado por el comercio de frutas de Nueva Orleans, ancló frente a Coralio con tres toques fuertes de su sirena. El *Karlsefin* no formaba parte de la línea operada por la Vesuvius Fruit Company. Era un barco principiante, hacía trabajos ocasionales para una compañía que apenas era lo suficientemente importante como para figurar como rival de la Vesuvius. Los movimientos del *Karlsefin* dependían del estado del mercado. A veces navegaba constantemente entre Tierra Firme y Nueva Orleans en el transporte regular de frutas; luego estaría haciendo viajes erráticos a Mobile o Charleston, o incluso tan al norte como Nueva York, según la distribución del suministro de fruta.

Goodwin holgazaneaba en la playa con la multitud habitual que se había reunido para ver el barco. Ahora que se esperaba que el presidente Miraflores llegara a las fronteras de su abandonado país en cualquier momento, las órdenes eran mantener una vigilancia estricta e implacable. Cada embarcación que se acercaba a las costas ahora podía considerarse un posible medio de escape para los fugitivos; y se vigilaron hasta las balandras y los dorys que pertenecían al contingente de navegación marítima de Coralio. Goodwin y Zavalla se movían por todos lados, con cautela, acechando las rutas de escape.

Los funcionarios de aduanas se amontonaron de manera importante en su bote y remaron hasta el *Karlsefin*. Un bote del barco desembarcó a su sobrecargo con sus documentos, y sacó al médico de cuarentena con su paraguas verde y su termómetro clínico. A continuación, un enjambre de caribes comenzó a cargar en gabarras los miles de racimos de plátanos amontonados en la orilla y los llevó a remo hasta el barco. El *Karlsefin* no tenía lista de pasajeros, y pronto llamó la atención de las autoridades. El sobrecargo declaró que el barco permanecería anclado hasta la mañana, tomando su fruto durante la noche. El *Karlsefin* había venido, dijo, de Nueva York, puerto al que había sido transportado su último cargamento de naranjas y cocos. Se contrataron dos o tres de las balandras de carga para ayudar en el trabajo, porque el capitán estaba ansioso por regresar rápidamente para aprovechar la ventaja que ofrecía una cierta escasez de fruta en los Estados Unidos.

Alrededor de las cuatro de la tarde, otro de esos monstruos marinos, poco familiares en esas aguas, apareció a la vista, siguiendo al fatídico *Idalia*, un elegante yate de vapor, pintado de un color beige claro, limpio como un grabado de acero. El hermoso barco flotaba frente a la costa, oscilando entre las olas con la ligereza de un pato en un barril de agua de lluvia. Un bote veloz con una tripulación uniformada llegó a tierra y un hombre fornido saltó a la arena.

El recién llegado pareció mirar con desaprobación a la abigarrada congregación de anchurianos nativos y se dirigió de inmediato hacia Goodwin, que era la figura más conspicuamente anglosajona presente. Goodwin lo saludó con cortesía.

Se habló de que el recién desembarcado se llamaba Smith y que había venido en un yate. Una biografía pobre, en verdad; porque el yate era más evidente; y el "Smith" no más allá de una conjetura razonable antes de la revelación. Sin embargo, a los ojos de Goodwin, que había visto varias cosas, había una discrepancia entre Smith y su yate. Un hombre de cabeza pequeña era Smith, con un ojo oblicuo y muerto y un bigote de mezclador de cócteles. Y, a menos que se hubiera cambiado de ropa antes de zarpar hacia la costa, contrastaba con la cubierta de su barco pulcro vestido con un sombrero gris perla, un traje de cuadros escoceses alegres y una corbata colorida. Los hombres que poseen yates de recreo generalmente armonizan mejor con ellos.

Smith parecía un hombre de negocios, pero no era un publicista. Habló sobre el paisaje, destacando su fidelidad a las imágenes de la geografía; y luego preguntó por el cónsul de los Estados Unidos. Goodwin señaló el banderín de rayas y estrellas que colgaba sobre el pequeño consulado, que estaba oculto detrás de los naranjos.

Smith se abrió camino a través de la arena hasta el consulado, su vestimenta creaba una violenta discordia contra los suaves azules y verdes tropicales.

Geddie descansaba en su hamaca, con el rostro algo pálido y una pose lánguida. Aquella noche en que el bote del *Valhalla* lo llevó a tierra aparentemente empapado hasta la muerte por el mar, el doctor Gregg y sus otros amigos trabajaron durante horas para preservar la pequeña chispa de vida que le quedaba. La botella, con su mensaje impotente, se hizo a la mar, y el problema que había provocado se redujo a una simple suma: uno y uno son dos, por la regla de la aritmética; uno por la regla del romance.

Hay una teoría antigua y pintoresca de que el hombre puede tener dos almas: una periférica que sirve ordinariamente y una central que se agita solo en ciertos momentos, pero con actividad y vigor. Bajo el dominio del primero, un hombre se afeitará, votará, pagará impuestos, dará dinero a su familia, comprará libros de suscripción y se comportará según el plan promedio. Pero deja que el alma central se vuelva repentinamente dominante, y puede, en un abrir y cerrar de ojos, volverse contra el compañero de sus alegrías con furiosa execración; puede cambiar de política en un chasquido de dedos; puede infligir un insulto mortal a su amigo más querido; puede llevarlo, instantáneamente, a un monasterio o a un salón de baile; puede fugarse, o ahorcarse, o puede escribir una canción o un poema, o besar a su esposa sin que se lo pidan, o dar sus fondos para la búsqueda de un microbio. Entonces volverá el alma periférica; y volvemos a tener a nuestro ciudadano sano y salvo. No es más que la rebelión del ego contra el orden; y su efecto es sacudir los átomos sólo para que puedan asentarse donde pertenecen.

La reacción de Geddie había sido leve, no más que nadar en un mar de verano tras un objeto tan simple como una botella a la deriva.

Y ahora volvía a ser él mismo. Sobre su escritorio, listo para el cargo, había una carta a su gobierno en la que presentaba su renuncia como cónsul, que se haría efectiva tan pronto como se pudiera nombrar a otro en su lugar. Porque Bernard Brannigan, que nunca hizo las cosas a medias, iba a tomar inmediatamente a Geddie como socio en sus muy lucrativas y variadas empresas; y Paula estaba felizmente comprometida con los planes para renovar y decorar el piso superior de la casa Brannigan.

El cónsul se levantó de la hamaca cuando miró al notable extraño en su puerta.

"No se levante", dijo el visitante, con un ligero movimiento de su gran mano. "Mi nombre es Smith; y he venido en un yate. Usted es el cónsul, ¿verdad? Un tipo grande y agradable en la playa me dirigió aquí. Pensé en presentar mis respetos a la bandera.

"Siéntese", dijo Geddie. "He estado mirando su embarcación desde que llegó a la vista. Se ve que es rápido. ¿Cuál es su tonelaje?"

"No lo sé" dijo Smith. "No sé cuánto pesa. Pero tiene un andar estable. El *Rambler*, así se llama, no se lleva el polvo de nada a flote. Este es mi primer viaje en él. Estoy echando un vistazo a lo largo de esta costa solo para tener una idea de los países de donde provienen el caucho y el pimiento rojo y las revoluciones. No tenía idea de que había tanto verdor aquí abajo. Central Park no se compara con este lugar. Soy de Nueva York. Tienen monos, cocos y loros aquí, ¿no es así?".

"Así es", dijo Geddie. "Estoy bastante seguro de que nuestra fauna y flora le quitarían un premio a Central Park".

"Tal vez lo harían", admitió Smith, alegremente. "Todavía no los he visto. Pero supongo que nos derrota en la cuestión de los animales y la vegetación. No tiene muchas visitas aquí, ¿verdad?".

"¿Visitas?", preguntó el cónsul. Supongo que se refiere a los pasajeros de los barcos. No; muy poca gente aterriza en Coralio. Un inversionista de vez en cuando; los turistas y los curiosos generalmente van más allá de la costa a una de las ciudades más grandes donde hay un puerto".

"Veo un barco cargando bananas", dijo Smith. "¿Algún pasajero viene ahí?".

"Ese es el *Karlsefin*", dijo el cónsul. Es un frutero sin ruta fija; creo que hizo su último viaje a Nueva York. No, no trajo pasajeros. Vi su bote llegar a tierra, y no había nadie. Casi la única diversión emocionante que tenemos aquí es ver los barcos de vapor cuando llegan; y un pasajero en uno de ellos generalmente hace que todo el pueblo salga. Si va a quedarse en Coralio por un tiempo, Sr. Smith, estaré encantado de llevarlo a conocer a algunas personas. Hay cuatro o cinco muchachos estadounidenses que es bueno conocer, además de los nativos importantes".

"Gracias", dijo el hombre, "pero no quiero molestarlo. Me gustaría conocer a los tipos de los que habla, pero no estaré aquí el tiempo suficiente para dar muchas vueltas. Ese caballero agradable en la playa habló de un médico, ¿me puede decir dónde puedo encontrarlo? El *Rambler* no es tan estable como un hotel de Broadway; y un compañero tiene un poco de mareo de vez en cuando. Pensé en buscar al doctor para que me diera un puñado de pastillas de azúcar, en caso de que las necesite".

"Podrá encontrar al Dr. Gregg en el hotel", respondió el cónsul. "Puede verlo desde la puerta, es aquel edificio de dos pisos con el balcón, allá donde están los naranjos".

El Hotel de los Extranjeros era una hospedería lúgubre, en gran desuso tanto por extraños como por amigos. Estaba en una esquina de la calle del Santo Sepulcro. Una arboleda de pequeños naranjos se apiñaba a un lado, encerrada por un muro bajo de roca que un hombre alto podría cruzar fácilmente. La casa era de adobe revocado, teñida de cien colores por la brisa salada y el sol. Sobre su balcón superior se abría una puerta central y dos ventanas que contenían anchas celosías en lugar de fajas.

La planta baja comunicaba por dos portales con la estrecha acera empedrada. La pulpería, o bar de copas, de la propietaria, Madama Timotea Ortiz, ocupaba la planta baja. En las botellas de brandy, anisada, whisky escocés y vinos baratos detrás del pequeño mostrador, el polvo era espeso excepto donde los dedos de los clientes ocasionales habían dejado huellas irregulares. El piso superior contenía cuatro o cinco habitaciones para huéspedes que rara vez se destinaban a dicho uso. A veces, un fruticultor que llegaba cabalgando desde su plantación para hablar con su agente, pasaba una noche melancólica en el lúgubre piso superior; a veces, la pompa y la majestad de un funcionario nativo menor en alguna insignificante misión del gobierno se asombraban ante la hospitalidad sepulcral de la señora. Pero la señora se sentó detrás del contenido de su barra, sin desear pelear con el destino. Si alguien requería comida, bebida o alojamiento en el Hotel de los Extranjeros, no tenía más que venir y ser servido. *Está bueno.* Si no vinieron, pues, entonces, no vinieron. *Está bueno.*

Mientras el excepcional navegante avanzaba por la precaria vereda de la calle del Santo Sepulcro, el solitario huésped permanente de aquel hotel decadente se sentó en su puerta, disfrutando de la brisa del mar.

El Dr. Gregg, el médico de cuarentena, era un hombre de unos cincuenta o sesenta años, de rostro rubicundo y la barba más larga entre Topeka y Tierra del Fuego. Ocupó su cargo en virtud de un nombramiento de la Junta de Salud de una ciudad portuaria en uno de los estados del Sur. Esa ciudad temía al antiguo enemigo de todos los puertos marítimos del sur, la fiebre amarilla, y era deber del Dr. Gregg examinar a la tripulación y los pasajeros de cada barco que salía de Coralio en busca de síntomas preliminares. Los deberes eran livianos y el salario, para alguien que vivía en Coralio, generoso. Había mucho tiempo libre; y el buen doctor añadió a sus ganancias una gran práctica privada entre los residentes de la costa. El hecho de que no supiera diez palabras en español no fue obstáculo; se podía sentir el pulso y cobrar una tarifa sin ser lingüista. Añádase a la descripción los hechos de que el médico tenía una historia que contar acerca de la operación de trepanación que ningún oyente le había permitido jamás concluir, y que creía en el aguardiente como profiláctico; y los puntos especiales de interés que posee el Dr. Gregg se habrían agotado.

El doctor había arrastrado una silla a la acera. Iba sin abrigo, se recostó contra la pared y fumó, mientras se acariciaba la barba. La sorpresa apareció en sus ojos azul pálido cuando vio a Smith con su ropa inusual y colorida.

"Usted es el Dr. Gregg, ¿verdad?" dijo Smith, sintiendo el alfiler del broche en su corbata. "El alguacil, me refiero al cónsul, me dijo que lo encontraría en este lugar. Mi nombre es Smith; y vine en un yate. Estaba dando un paseo, mirando los monos y los árboles de piña.

Entre y tómese un trago, doc. Ese café se ve bueno, pero no quita la sed.".

"Lo acompañaré, señor, con un poco de brandy", dijo el Dr. Gregg, levantándose rápidamente. "Encuentro que, como profiláctico, un poco de brandy es casi una necesidad en este clima".

Cuando giraron para entrar a la pulpería, un nativo, descalzo, se deslizó sin hacer ruido y se dirigió al médico en español. Era de color marrón amarillento, como un limón demasiado maduro; vestía una camisa de algodón y pantalones de lino andrajosos sujetados por un cinturón de cuero. Su rostro era como el de un animal, vivo y cauteloso, pero sin muestras de mucha inteligencia. Este hombre farfullaba con tanta energía y seriedad que parecía una lástima que se desperdiciaran sus palabras.

El Dr. Gregg le tomó el pulso.

"¿Estás enfermo?", preguntó.

"Mi mujer está enferma en la casa", contestó el hombre, tratando así de transmitir la noticia, en el único idioma disponible para él, de que su esposa yacía enferma en su choza de palma.

El doctor sacó un puñado de cápsulas llenas de un polvo blanco del bolsillo de su pantalón. Contó diez de ellas en la mano del nativo y levantó su dedo índice de manera impresionante.

"Que tome una", dijo el doctor, "cada dos horas". Luego levantó dos dedos, agitándolos enfáticamente ante la cara del nativo. A continuación, sacó su reloj y pasó el dedo por la esfera dos veces. Nuevamente los dos dedos se enfrentaron a la nariz del paciente. "Dos... dos... dos horas", repitió el doctor.

"Sí, señor", dijo el nativo con tristeza.

Sacó un reloj de plata barato de su propio bolsillo y lo puso en la mano del doctor. "Traeré", dijo él, esforzándose dolorosamente con su poco inglés, "otro reloj mañana". Luego partió desanimado con sus cápsulas.

"Son una raza de gente muy ignorante, señor", dijo el doctor, mientras metía el reloj en su bolsillo. "Parece haber confundido mis instrucciones para tomar la medicina con la tarifa. Sin embargo, está bien. Me debe una cuenta, de todos modos. Lo más probable es que no traiga el otro reloj. No puedes depender de nada de lo que te prometan. ¿Seguimos con la bebida? ¿Cómo llegó a Coralio, Sr.

Smith? No sabía que ningún barco, excepto el *Karlsefin*, hubiera llegado durante estos días".

Los dos se apoyaron en la barra desierta; y la señora sacó una botella sin esperar la orden del médico. No había polvo en esa botella.

Después de beber dos veces Smith dijo:

"Dijo que no había pasajeros en el *Karlsefin*, ¿verdad? ¿Está seguro de eso? Me parece haber escuchado a alguien en la playa decir que había uno o dos abordo".

"Estaban equivocados, señor. Yo mismo salí y sometí a todos a un examen médico, como de costumbre. El *Karlsefin* zarpa tan pronto como cargue sus bananas, que será alrededor del amanecer, y lo preparó todo esta tarde. No, señor, no había lista de pasajeros. ¿Le gusta ese Tres Estrellas? Una goleta francesa desembarcó dos balandras hace un mes. Si alguno de los derechos de aduana fue para la distinguida república de Anchuria, puede quedarse con mi sombrero. Si no quiere otro, salgamos y sentémonos un rato al aire libre. No es frecuente que los exiliados tengamos la oportunidad de hablar con alguien del mundo exterior".

El doctor sacó otra silla a la banqueta para su nuevo conocido. Los dos se sentaron.

"Es un hombre del mundo", dijo el Dr. Gregg; "un hombre de viajes y experiencia. Su decisión en materia de ética y, sin duda, en los puntos de equidad, capacidad y probidad profesional debe ser valiosa. Me alegraría si escuchara la historia de un caso que creo que es único en los anales médicos".

"Hace unos nueve años, mientras ejercía la medicina en mi ciudad natal, me llamaron para tratar un caso de contusión en el cráneo. Mi diagnóstico fue que una astilla de hueso estaba presionando el cerebro y que se requería una operación quirúrgica conocida como trepanación. Sin embargo, como el paciente era un caballero rico y de posición, llamé para consultar al Dr. ..."

Smith se levantó de su silla y puso una mano, suave como una disculpa, sobre la manga de la camisa del doctor.

"Doc.,", dijo solemnemente, "quiero escuchar esa historia. Me tiene interesado; y no quiero perderme el resto. Sé que es una historia increíble por la forma en que comienza; y me gustaría contarla en la próxima reunión de la Asociación Barney O'Flynn, si no le importa.

Pero tengo uno o dos asuntos que atender primero. Si consigo que me atiendan a tiempo, volveré enseguida y escucharé el resto antes de ir a dormir, ¿está bien?".

"Por supuesto", dijo el doctor, "atienda su negocio y luego regrese. Lo esperaré. Verá, uno de los médicos más destacados en la consulta diagnosticó el problema como un coágulo de sangre; otro dijo que era un absceso, pero yo...".

"No me diga todavía, doctor. No estropee la historia. Espere a que vuelva. Quiero escucharla de continuo, ¿está bien?".

Las montañas alzaban sus voluminosos hombros para recibir el galope nivelado de los corceles mensajeros de Apolo, el día moría en las lagunas y en las umbrías plataneras y en los manglares, donde los grandes cangrejos azules comenzaban a arrastrarse hacia tierra para su paseo nocturno. Y murió, al fin, sobre los picos más altos. Luego vino y se fue el breve crepúsculo, efímero como el vuelo de una polilla; la Cruz del Sur asomó con su ojo superior por encima de una hilera de palmeras, y las luciérnagas anunciaron con sus antorchas la proximidad tranquila de la noche.

En la distancia el *Karlsefin* se balanceó anclado, sus luces parecían penetrar en el agua a incontables brazas con sus reflejos brillantes y lanceolados. Los caribes estaban ocupados cargándola por medio de las grandes gabarras alineadas en la orilla con los montones de fruta.

En la playa, con la espalda apoyada en un cocotero y las colillas de muchos cigarros tiradas a su alrededor, Smith esperaba sentado, sin apartar nunca su aguda mirada en dirección al barco.

El incongruente navegante había concentrado su interés en el inocente frutero. Dos veces le habían asegurado que no habían llegado pasajeros a Coralio a bordo de él. Y, sin embargo, con una persistencia que no se puede atribuir a un viajero ocioso, había apelado el caso ante el tribunal superior de su propia vista. Sorprendentemente, como un lagarto, se agachó al pie de la palma de coco, y con los ojos saltones y cambiantes del mismísimo reptil, sostuvo su espionaje sobre el *Karlsefin*.

Sobre las arenas blancas se detuvo un bote más blanco perteneciente al yate, custodiado por uno de los tripulantes. No muy lejos, en una pulpería de la costa, siguiendo la calle Grande, otros tres marineros se pavoneaban con sus tacos alrededor de la mesa de billar solitaria de Coralio. El bote yacía allí como si tuviera órdenes de estar listo para su uso en cualquier momento. Había en el ambiente un sentimiento de expectación, de espera de que algo sucediera, que era ajeno al aire de Coralio.

Como un ave pasajera de brillante plumaje, Smith se posa en esta playa de palmeras, solo para acicalar sus alas por un instante y luego volar sobre silenciosos piñones. Cuando amaneció no había ningún Smith, ningún bote en espera, ningún yate a la vista. Smith no dejó indicios de su misión allí, ni huellas que mostraran dónde había seguido el rastro de su misterio en las arenas de Coralio esa noche. Él vino; habló en su extraña jerga del asfalto y los cafés; se sentó bajo el cocotero y desapareció. A la mañana siguiente, la gente de Coralio, sin Smith, comió su plátano frito y dijo: "El hombre de la ropa colorida se fue". Con la siesta el incidente pasó, bostezando, a la historia.

Así, por un tiempo, Smith debe pasar detrás de escena de la obra. Ya no acude a Coralio ni al doctor Gregg, que se sienta en vano, peinando su barba abundante, esperando enriquecer a su audiencia abandonada con su conmovedora historia de la trepanación y celos.

Pero prósperamente para la lucidez de estas páginas sueltas, Smith volverá a revolotear entre ellas. En el último momento vendrá a decirnos por qué esa noche esparció ansiosamente tantas colillas de cigarro alrededor de la palma de cocos. Esto debe hacerlo; pues, cuando zarpó antes del amanecer en su yate *Rambler*, llevaba consigo la respuesta a un enigma tan grande y absurdo que pocos en Anchuria se habían atrevido siquiera a plantear.

IV: ATRAPADO

Los planes para la detención del presidente Miraflores y su acompañante en la costa parecían poco probables de fracasar. El propio Dr. Zavalla había ido al puerto de Alazan para establecer una guardia en ese punto. En Solitas, se podía confiar en que el patriota liberal Varras vigilaría de cerca. Goodwin se hizo responsable del distrito sobre Coralio.

La noticia de la huida del presidente no había sido revelada a nadie en los pueblos de la costa, salvo a los miembros de confianza del ambicioso partido político que deseaba acceder al poder. Un emisario de Zavalla había cortado el cable del telégrafo que va de San Mateo a la costa, muy arriba en el sendero de la montaña. Mucho antes de que esto pudiera repararse y recibir noticias de la capital, los fugitivos habrían llegado a la costa y la cuestión de la fuga o la captura estaría resuelta.

Goodwin había puesto centinelas armados a intervalos frecuentes a lo largo de la costa durante una milla en cada dirección desde Coralio. Se les instruyó que mantuvieran vigilancia durante la noche para evitar que Miraflores intentara embarcarse sigilosamente por medio de alguna lancha o balandra encontrada casualmente a la orilla del agua. Una docena de patrullas recorrían las calles de Coralio sin sospechas, listas para interceptar al funcionario ausente si se aparecía por allí.

Goodwin estaba muy convencido de que no se había pasado por alto ninguna precaución. Paseó por las calles que llevaban nombres muy pretenciosos y que no eran más que callejuelas cubiertas de hierba, prestando su propia ayuda a la vigilia que le había encomendado Bob Englehart.

El pueblo había comenzado sus diversiones nocturnas. Unos cuantos dandis relajados, vestidos con trajes blancos, con corbatas sueltas y jugando con palos de bambú, recorrían los senderos cubiertos de hierba hacia las casas de sus señoritas favoritas. Los que cortejaban el arte de la música arrastraban concertinas quejumbrosas o tocaban guitarras lúgubres en puertas y ventanas. Un soldado ocasional del cuartel, con sombrero de paja ondeante, sin abrigo ni zapatos, pasaba apresurado, balanceando su larga escopeta como una lanza en la mano. Desde cada densidad del follaje, las gigantescas ranas arbóreas emitían su ruidoso e irritante croar. Más allá, donde los caminos terminaban al borde de la selva, los gritos guturales de los babuinos merodeadores y el siseo de los caimanes en los negros esteros rompían el vano silencio del bosque.

A las diez de la noche las calles estaban desiertas. Las lámparas de aceite que habían ardido, de un amarillo enfermizo, en rincones aleatorios, habían sido apagadas por algún agente cívico. Coralio yacía durmiendo tranquilamente entre las montañas que se derrumbaban y el mar que lo invadía como un bebé robado en los brazos de sus secuestradores. En algún lugar de esa oscuridad tropical, tal vez ya atravesando las profundidades de las tierras bajas aluviales, el gran aventurero y su acompañante se estaban moviendo hacia el final de la tierra. El juego de Zorro por la mañana debería llegar pronto a su fin.

Goodwin, con un caminar pausado, pasó junto al largo y bajo cuartel donde dormía el contingente de Coralio de la fuerza militar de Anchuria, con los dedos de los pies descalzos apuntando hacia el cielo. Había una ley que decía que ningún civil podía acercarse tanto al cuartel general de esa ciudadela de guerra después de las nueve en punto, pero Goodwin siempre se olvidaba de las reglas menores.

"¿Quién vive?", gritó el centinela, acomodando su gran mosquetero.

"Estadounidense", respondió Goodwin sin voltear y continuó su camino.

Giró a la derecha y luego a la izquierda por la calle que finalmente llegaba a la Plaza Nacional. Cuando estaba a tiro de una colilla de cigarro desde la intersección de la calle del Santo Sepulcro, se detuvo repentinamente en el camino.

Vio la forma de un hombre alto, vestido de negro y con una gran maleta, que corría por la calle transversal en dirección a la playa. Y la segunda mirada de Goodwin le hizo darse cuenta de una mujer al otro lado del hombre, que parecía empujar, si no ayudar, a su compañero en su rápido pero silencioso avance. Esos dos no eran coralianos.

Goodwin los siguió a mayor velocidad, pero sin ninguna de las ingeniosas tácticas que son tan queridas por los detectives. El americano era demasiado ancho para tener el instinto del detective.

Se presentó como agente de la gente de Anchuria y, de no haber sido por razones políticas, habría exigido el dinero en ese mismo momento. Fue el designio de su partido asegurar los fondos en peligro, devolverlo a la Tesorería del país y declararse en el poder sin derramamiento de sangre ni resistencia.

La pareja se detuvo en la puerta del Hotel de los Extranjeros, y el hombre golpeó en la madera con la impaciencia de quien no está acostumbrado a que lo hagan esperar. La señora tardó en responder; pero después de un tiempo apareció su luz, se abrió la puerta y alojó a los invitados.

Goodwin estaba de pie en la calle tranquila, encendiendo otro cigarro. En dos minutos, un tenue resplandor comenzó a asomarse entre los listones de las celosías del piso superior del hotel. "Tienen habitaciones contiguas", se dijo Goodwin a sí mismo. "Entonces, sus arreglos para zarpar aún no se han hecho".

En ese momento llegó un tal Esteban Delgado, barbero, enemigo del gobierno vigente, jovial conspirador contra el estancamiento en cualquiera de sus formas. Este peluquero era uno de los perros más tristes de Coralio, y a menudo permanecía al aire libre hasta las once de la noche. Era un liberal partidario; saludó a Goodwin con flatulenta importancia como hermano en la causa. Pero tenía algo importante que contar.

"¿Qué opina, don Frank?", comentó en el tono universal del conspirador. "¡Esta noche he afeitado la barba, lo que ustedes llaman los 'bigotes', del propio presidente de este país! ¡Vea! Me mandó llamar para que viniera. Me esperaba en la pobre casita de una anciana, en una casita muy pequeñita en un lugar oscuro, para así pasar desapercibido. Creo que deseaba no ser reconocido, pero ¡carajo! ¿Se puede afeitar a un hombre y no verle la cara? Me dio esta pieza de oro y dijo que iba a estar todo muy tranquilo. Creo, don Frank, que oculta algo".

"¿Había visto al presidente Miraflores antes?", preguntó Goodwin.

"Solo una vez", respondió Esteban. "Es alto; y tiene bigotes, muy negros y abundantes".

"¿Había alguien más presente cuando lo afeitó?".

"Una vieja india, señor, que vivía allí, y una señorita, ¡una mujer muy hermosa, por Dios!".

"Muy bien, Esteban", dijo Goodwin. "Fue de mucha suerte que llegaras con esta información. La nueva administración te recordará por esto".

Luego, en pocas palabras, hizo saber al barbero la crisis en que habían culminado los asuntos de la nación, y le ordenó que se quedara afuera, vigilando los dos lados del hotel que daban a la calle, y observando si alguien intentaba salir de la casa por cualquier puerta o ventana. El propio Goodwin fue hasta la puerta por la que habían entrado los invitados, la abrió y entró.

Madama había regresado del segundo piso a donde fue para ver si los huéspedes necesitaban algo. Su vela estaba sobre la barra. Estaba a punto de tomar un poco de ron como consuelo por la interrupción de su descanso. Levantó la vista sin sorpresa cuando entró alguien más.

"¡Ah! Es el señor Goodwin. No a menudo honra mi casa con su presencia".

"Debo venir más seguido", respondió Goodwin, con su famosa sonrisa. "He escuchado que su coñac es el mejor desde Belice en el norte hasta el Río en el sur. Saque una botella, Madama, y probemos si esto es cierto en un vasito para cada uno".

"Mi aguardiente", dijo Madama con orgullo, "es el mejor. Crece, en hermosas botellas, en los lugares oscuros entre los bananeros. Si, señor. Solo a medianoche pueden ser recogidos por marineros que los llevan, antes de que llegue el día, a la puerta trasera. El buen aguardiente es una fruta muy difícil de manejar, señor Goodwin".

El contrabando, en Coralio, estaba mucho más cerca que la competencia del comercio. Se hablaba de ello con picardía, aunque con cierta presunción, cuando se había logrado bien.

"Tiene invitados en la casa esta noche", dijo Goodwin, dejando un dólar de plata sobre el mostrador.

"¿Por qué no?" dijo Madama, contando el cambio. "Dos; un señor, no del todo viejo, y una señorita bastante guapa. Han subido a sus habitaciones, sin comer ni beber. Dos habitaciones: Número 9 y Número 10".

"Estaba esperando a ese caballero y a esa señorita", dijo Goodwin. "Tengo asuntos importantes que atender. ¿Me permite subir a verlos?".

"¿Por qué no?", suspiró Madama plácidamente. "¿Por qué no habría de subir el señor Goodwin y hablar con sus amigos? Está bueno. Habitación número 9 y número 10".

Goodwin sacó del bolsillo de su abrigo el revólver americano que llevaba y subió la empinada y oscura escalera.

En el pasillo de arriba, la luz azafrán de una lámpara colgante le permitió buscar los llamativos números de las puertas. Giró el pomo de la habitación número 9, entró y cerró la puerta detrás de él.

Si la que estaba sentada junto a la mesa en esa habitación mal amueblada era Isabel Guilbert, el informe no había hecho justicia a sus encantos. Apoyaba su cabeza en una mano. El cansancio extremo se denotaba en cada línea de su figura; y en su semblante estaba escrita una profunda perplejidad. Sus ojos eran de iris gris y de ese molde que parece haber pertenecido a los orbes de todas las famosas reinas de corazones. Sus blancos eran singularmente claros y brillantes, ocultos sobre los iris por pesados párpados horizontales, y mostrando una línea nevada debajo de ellos. Tales ojos denotan gran nobleza, vigor y, si se puede concebir, un egoísmo de lo más generoso. Levantó la vista cuando entró el americano con una expresión de interrogación sorprendida, pero sin alarma.

Goodwin se quitó el sombrero y se sentó, con su característica tranquilidad, en una esquina de la mesa. Sostenía un cigarro encendido entre los dedos. Hizo esto porque estaba seguro de que los saludos preliminares serían en vano con la señorita Guilbert. Conocía su historia y el pequeño papel que las convenciones habían jugado en ella.

"Buenas tardes, dijo él. "Ahora, señorita, hablemos de negocios. Se dará cuenta que no menciono ningún nombre, pero yo sé quién está en la habitación de a lado, y que es lo que lleva en esa maleta. Eso es lo que me trae aquí. He venido a decirle los términos de su rendición".

La señorita no se movió ni respondió, pero miró fijamente el cigarro en la mano de Goodwin.

"Nosotros", continuó, mirando pensativo el zapato de cuero en su pie que se balanceaba suavemente, "hablo en nombre de una mayoría considerable de personas, exigimos la devolución de los fondos robados que les pertenecen. Nuestros términos van muy poco más allá de eso. Son muy simples. Como vocero acreditado, prometo que cesarán nuestras injerencias si son aceptadas. Entregue el dinero, y usted y su acompañante podrán continuar dondequiera que deseen. De hecho, se le brindará asistencia en el asunto de asegurar un pasaje en cualquier barco de salida que elija. Es bajo mi responsabilidad personal que felicito al caballero de la habitación número 10 por su gusto por los encantos femeninos".

Llevándose el cigarro a la boca, Goodwin la observó y vio que sus ojos lo seguían y se posaban en él con una concentración gélida y significativa. Aparentemente, ella no había escuchado una palabra de lo que había dicho. Comprendió, arrojó el cigarro por la ventana y, con una risa, se deslizó de la mesa a sus pies.

"Así está mejor", dijo la señorita. "Me permite escucharle. Para una segunda lección de buenos modales, ahora podría decirme quién me insulta".

"Lamento", dijo Goodwin, apoyando una mano sobre la mesa, "que mi tiempo sea demasiado breve para dedicar gran parte de él a un curso de etiqueta. Venga ahora; apelo a su buen juicio. Ha demostrado, en más de una ocasión, ser muy consciente de lo que le conviene. Esta es una ocasión que exige el ejercicio de su indudable inteligencia. No hay ningún misterio aquí. Soy Frank Goodwin; y he venido por el dinero. Entré en esta habitación sin saber qué pasaría. Si hubiera entrado en la otra, lo habría obtenido antes. ¿Lo quiere en palabras? El caballero de la número 10 ha traicionado una gran confianza. Le ha robado a su pueblo una gran suma, y soy yo quien evitará que la pierdan. No digo quién es ese señor; pero si me veo obligado a verlo y resulta ser cierto alto funcionario de la república, será mi deber arrestarlo. La casa está vigilada. Le estoy ofreciendo términos generosos. No es absolutamente necesario que consulte personalmente con el caballero de la habitación contigua. Tráigame la maleta que contiene el dinero y daremos por terminado el asunto.

La señorita se levantó de su silla y se quedó parada un momento, pensando profundamente.

"¿Vive aquí, Sr. Goodwin?", preguntó ella.

"Sí".

"¿Qué autoridad tiene para esta intrusión?".

"Soy un instrumento de la república. Fui avisado por telegrama de los movimientos del caballero de la número 10".

"¿Le puedo hacer dos o tres preguntas? Creo que usted es un hombre honesto, y no uno tímido. ¿Qué clase de ciudad es esta, Coralio, creo que lo llaman?".

"No tanto una ciudad", dijo Goodwin, sonriendo. "Más bien un pueblo bananero. Cabañas de paja, cinco o seis casas de dos pisos, alojamiento limitado, población mestiza española e india, caribes y moros. No hay aceras de las que hablar, no hay diversiones. Más bien inmoral. Esa es una descripción improvisada, por supuesto".

"¿Hay algún incentivo, digamos social o comercial, para que la gente resida aquí?".

"Oh, sí", respondió Goodwin, con una amplia sonrisa. "No hay meriendas, organillos, tiendas departamentales, y no hay tratado de extradición".

"Él me dijo", prosiguió la señorita, hablando como para sí misma, y con un leve ceño fruncido, "que había en esta costa pueblos de mucha belleza e importancia; que había un orden social agradable, especialmente una colonia estadounidense de residentes cultos".

"Hay una colonia estadounidense", dijo Goodwin, mirándola con cierto asombro. "Algunos de los miembros están bien. Algunos son prófugos de la justicia de los Estados Unidos. Recuerdo a dos presidentes de banco exiliados, un pagador del ejército bajo una nube, un par de homicidas y una viuda; creo que el arsénico era la sospecha en su caso. Yo mismo completo la colonia, pero, hasta ahora, no me he distinguido por ningún crimen en particular".

"No pierda la esperanza", dijo secamente la señorita; "No veo nada en sus acciones de esta noche que le siga garantizando dicha inocencia. Se ha cometido algún error; No sé exactamente dónde. Pero a él no lo molestará esta noche. El viaje lo ha fatigado tanto que se ha quedado dormido, creo, con su ropa. ¡Usted habla de dinero robado! Yo no le entiendo. Se ha cometido algún error. Lo convenceré Quédese donde está y le traeré la maleta que tanto parece codiciar, y se la mostraré".

Se dirigió hacia la puerta cerrada que conectaba las dos habitaciones, pero se detuvo, se volvió a medias y le dirigió a

Goodwin una mirada grave y escrutadora que terminó en una sonrisa burlona.

"Forzó mi puerta", dijo ella, "y sigue su comportamiento rufián con las acusaciones más ruines; y sin embargo", vaciló, como si reconsiderara lo que estaba a punto de decir, "y sin embargo, es algo desconcertante, estoy segura de que ha habido algún error".

Dio un paso hacia la puerta, pero Goodwin la detuvo con un ligero toque en su brazo. He dicho antes que las mujeres se volvían a mirarlo en las calles. Era el tipo de hombre vikingo, grande, bien parecido y con un aire de bondadosa agresividad. Ella era morena y orgullosa, radiante o pálida según su estado de ánimo. No sé si Eva era clara u oscura, pero si una mujer así hubiera estado en el jardín, sé que la manzana se habría comido. Esta mujer iba a ser el destino de Goodwin y él no lo sabía; pero debe haber sentido la primera agonía del destino, porque, cuando la miró, el conocimiento del informe que la nombraba se volvió amargo en su garganta.

"Si ha habido algún error", dijo con vehemencia, "fue suyo". No culpo al hombre que ha perdido su patria, su honor, y está a punto de perder el pobre consuelo de sus riquezas robadas, tanto como lo culpo a usted, ¡por Dios! Puedo ver muy bien cómo él fue obligado a esto. Puedo entenderlo y compadecerlo. Son mujeres como usted las que llenan esta costa degradada de miserables exiliados, las que hacen que los hombres olviden sus confianzas, las que arrastran...".

La señorita lo interrumpió con un gesto cansado.

"No hace falta que siga con sus insultos", dijo ella fríamente. "No entiendo lo que dice, ni sé la locura que está cometiendo; pero si la inspección del contenido del maletín de un caballero me librará de usted, no lo demoremos más".

Pasó rápida y silenciosamente a la otra habitación y volvió con el pesado maletín de cuero, que entregó al estadounidense con desprecio.

Goodwin colocó rápidamente el maletín sobre la mesa y comenzó a desabrochar las correas. La dama estaba parada, con una expresión de infinito desdén y cansancio en su rostro.

El maletín se abrió de par en par. Goodwin sacó dos o tres prendas de vestir, dejando al descubierto la mayor parte de su contenido: paquete tras paquete de billetes de gran denominación de la Tesorería y del banco de los Estados Unidos. Teniendo en cuenta las cifras altas escritas en las bandas de papel que los envolvían, el total debe haber estado cerca de los cien mil.

Goodwin miró rápidamente a la mujer y vio, con sorpresa y un sentimiento de placer que le asombró, que había experimentado una conmoción inconfundible. Sus ojos se agrandaron, jadeó y se apoyó pesadamente contra la mesa. Entonces ella ignoraba, infirió, que su compañero había saqueado el dinero del gobierno. Pero ¿por qué, se preguntó airadamente, debería estar tan complacido de pensar que esta cantante errante y sin escrúpulos no era tan mala como la había pintado el informe?

Un ruido en la otra habitación los sorprendió a ambos. La puerta se abrió y un hombre alto, anciano, de tez oscura, recién afeitado, entró apresuradamente en la habitación.

Todas las fotografías del presidente Miraflores lo representan como poseedor de unos exuberante bigotes oscuros y cuidadosamente cuidados; pero la historia del barbero, Esteban, había preparado a Goodwin para el cambio.

El hombre entró tambaleándose desde la habitación oscura, somnoliento, con los ojos parpadeando a la luz de la lámpara.

"¿Qué significa esto?", demandó con un excelente inglés, con una mirada aguda y perturbadora al estadounidense, "¿es un robo?".

"Por poco", respondió Goodwin. "Pero creo que llegué a tiempo para prevenirlo. Yo represento a la gente a la que le pertenece este dinero, y he venido para llevarlo de vuelta".

Metió su mano en el bolsillo de su holgado abrigo de lino.

La mano del otro hombre fue rápidamente detrás de él.

"No desenfunde", gritó Goodwin bruscamente, "le estoy apuntando desde mi bolsillo".

La señorita dio un paso adelante y puso una mano sobre el hombro de su vacilante compañero. Ella señaló la mesa. "Quiero la verdad, la verdad", dijo en voz baja. "¿De quién es ese dinero?".

El hombre no respondió. Soltó un suspiro profundo y prolongado, se inclinó y la besó en la frente, volvió a la otra habitación y cerró la puerta.

Goodwin descubrió su intención y saltó hacia la puerta, pero el disparo de la pistola resonó cuando su mano tocó el pomo. Siguió una fuerte caída, y alguien lo empujó a un lado y entró en la habitación del hombre caído.

Una desolación, pensó Goodwin, mayor que la derivada de la pérdida del caballero y el oro debe haber estado en el corazón de la hechicera para haberle arrancado, en ese momento, el grito de alguien que se vuelve hacia la que todo lo perdona, todo lo reconforta. consolador terrenal, haberla hecho gritar desde aquella habitación ensangrentada y deshonrada: "¡Oh, madre, madre, madre!".

Pero había una alarma afuera. El barbero, Esteban, al sonido del disparo, había alzado la voz; y el disparo en sí había despertado a la mitad del pueblo. Se oyó un golpeteo en la calle y las órdenes oficiales resonaron en el aire inmóvil. Goodwin tenía un deber que cumplir. Las circunstancias lo habían convertido en el custodio del tesoro de su país adoptivo. Metió rápidamente el dinero en el maletín, lo cerró, se asomó por la ventana y la dejó caer en un naranjo grueso en el pequeño recinto de abajo.

Te contarán en Coralio, como se deleitan en contarle al forastero, la conclusión de aquella trágica fuga. Te dirán cómo los defensores de la ley acudieron rápidamente cuando sonó la alarma: el comandante con zapatillas rojas y una chaqueta como la de un mayordomo y espada ceñida, los soldados con sus armas interminables, seguidos por oficiales en número superior que luchaban por ponerse sus encajes dorados. y charreteras; los policías descalzos (los únicos capaces en el lote), y los ciudadanos irritados de todos los colores y descripciones.

Dicen que el semblante del muerto quedó tristemente desfigurado por los efectos del disparo; pero fue identificado como el presidente caído tanto por Goodwin como por el barbero Esteban. A la mañana siguiente empezaron a llegar mensajes a través del telégrafo reparado; y se dio a conocer al público la historia de la huida de la capital. En San Mateo el partido revolucionario se había apoderado del cetro de gobierno, sin oposición, y las vivas del populacho mercurial borraron rápidamente el interés del desdichado Miraflores.

Te relatarán cómo el nuevo gobierno tamizó los pueblos y rastrilló los caminos para encontrar el maletín que contenía el capital sobrante de Anchuria, que se sabía que el presidente llevaba consigo, pero todo en vano. En Coralio el mismo señor Goodwin encabezó la partida de búsqueda que peinó aquel pueblo con tanto cuidado como se peina una mujer; pero el dinero no fue encontrado.

Así que enterraron al muerto, sin honores, en la parte trasera del pueblo, cerca del pequeño puente que cruza el manglar; y de verdad un niño te mostrará su tumba. Dicen que la anciana en cuya choza el barbero afeitó al presidente colocó la lápida de madera, y quemó la inscripción sobre ella con un hierro candente.

Oirás también que el señor Goodwin, como una fortaleza, protegió a doña Isabel Guilbert durante esos angustiosos días posteriores; y que sus escrúpulos en cuanto a su carrera pasada (si es que tenía alguna) se desvanecieron; y su caprichosa aventura (si la tenía) la abandonó, y se casaron y fueron felices.

El estadounidense construyó una casa en una pequeña colina cerca del pueblo. Es una estructura de conglomerado de maderas nativas que exportadas valdrían una fortuna; y de ladrillo, palma, vidrio, guadua y adobe. Tiene un aspecto paradisiaco, por fuera y por dentro. Los indígenas hablan de su interior con las manos en alto en señal de admiración. Hay pisos pulidos como espejos y cubiertos con alfombras indias de fibra de seda tejidas a mano, altos adornos y cuadros, instrumentos musicales y paredes empapeladas; "¡descúbrelo tú mismo!", exclaman.

Pero no pueden decirte en Coralio (como sabrás) qué pasó con el dinero que Frank Goodwin echó en el naranjo. Pero eso vendrá después; porque las palmeras ondean con la brisa, invitándonos al deporte y la alegría.

V: SEGUNDO EXILIADO DE CUPIDO

Los Estados Unidos de América, después de revisar sus consulados, seleccionaron al Sr. John De Graffenreid Atwood, de Dalesburg, Alabama, como sucesor de Willard Geddie, quien había renunciado.

Sin perjuicio del Sr. Atwood, habrá que reconocer que, en este caso, fue el hombre quien buscó el cargo. Al igual que con Geddie, fueron nada menos que las ingeniosas sonrisas de una mujer encantadora lo que llevó a Johnny Atwood al desesperado recurso de aceptar un cargo bajo un gobierno federal despreciado para poder irse muy, muy lejos y no volver a ver nunca más al rostro falso y hermoso que había arruinado su joven vida. El consulado en Coralio parecía ofrecer un retiro lo suficientemente alejado y romántico como para inyectar el drama necesario en las escenas pastorales de la vida de Dalesburg.

Fue mientras interpretaba el papel del exiliado de Cupido que Johnny añadió su obra a la larga lista de bajas a lo largo de Tierra Firme por su famosa manipulación del mercado del calzado y su hazaña sin igual de sacar la hierba más despreciada e inútil de su propio país de la oscuridad a ser un producto valioso en el comercio internacional.

El problema comenzó, como los problemas a menudo comienzan en lugar de terminar, con un romance. En Dalesburg había un hombre llamado Elijah Hemstetter, que tenía una tienda general. Su familia estaba formada por una hija llamada Rosine, un nombre que compensaba mucho a "Hemstetter". Esta joven poseía abundantes atractivos, de modo que los jóvenes de la comunidad se agitaban por sus pechos. Entre los más agitados estaba Johnny, el hijo del juez Atwood, que vivía en la gran mansión colonial en las afueras de Dalesburg.

Parecería que la deseable Rosine debería haberse complacido en devolver el afecto de un Atwood, un nombre honrado en todo el estado mucho antes y después de la guerra. Parece que debería haber consentido gustosamente que la llevaran a esa majestuosa pero bastante vacía mansión colonial. Pero no es así. Había una nube en el horizonte, un cúmulo amenazador, con la forma de un joven granjero

53

vivaz y astuto del barrio que se atrevía a entrar en las listas como rival del noble Atwood.

Una noche, Johnny le planteó a Rosine una pregunta que los jóvenes de la especie humana consideran de mucha importancia. Los accesorios estaban todos allí: luz de luna, laureles, magnolias, el canto del sinsonte. No se sabe si la sombra de Pinkney Dawson, el joven agricultor próspero, se interpuso entre ellos en esa ocasión; pero la respuesta de Rosine fue desfavorable. El Sr. John De Graffenreid Atwood hizo una reverencia hasta que su sombrero tocó el césped y se fue con la cabeza en alto, pero con una herida dolorosa en el orgullo y en el corazón. ¡Un Hemstetter rechaza a un Atwood! ¡Increíble!

Entre otros accidentes de ese año estuvo un presidente demócrata. El juez Atwood fue un caballo de batalla de la democracia. Johnny lo convenció de poner las ruedas en marcha para una cita en el extranjero. Él se marcharía... se marcharía. Tal vez en los próximos años, Rosine pensaría cuán verdadero, cuán fiel había sido su amor, y derramaría una lágrima, tal vez en la crema que estaría desnatando para el desayuno de Pink Dawson.

Las ruedas de la política giraron; y Johnny fue nombrado cónsul de Coralio. Justo antes de irse, pasó por casa de Hemstetter para despedirse. En los ojos de Rosine había una extraña mirada rosada; y si los dos hubieran estado solos, los Estados Unidos podrían haber tenido que buscar otro cónsul. Pero Pink Dawson estaba allí, por supuesto, hablando de su huerto de 400 acres, el tramo de alfalfa de tres millas y el pasto de 200 acres. Así que Johnny estrechó la mano de Rosine con tanta frialdad como si solo fuera a correr a Montgomery por un par de días. Los Atwood tenían los modales reales cuando elegían.

"Si encuentras algo en el camino para una buena inversión allí, Johnny", dijo Pink Dawson, "avísame, ¿quieres? Creo que podría poner mis manos en unos pocos miles más en cualquier momento para un negocio rentable".

"Seguro, Pink", dijo Johnny amablemente. "Si encuentro algo te lo haré saber".

Así Johnny fue a Mobile y abordó un barco frutero hacia la costa de Anchuria.

Cuando el nuevo cónsul llegó a Coralio la extrañeza de las escenas lo divirtió mucho. Tenía sólo veintidós años; y el dolor de la juventud no se usa como un vestido como lo hacen los ancianos. Tiene sus temporadas cuando reina; y luego es derribado por un tiempo por la afirmación de los sentidos agudos.

Billy Keogh y Johnny parecieron concebir una amistad mutua rápidamente. Keogh llevó al nuevo cónsul por la ciudad y lo presentó al puñado de estadounidenses y al pequeño grupo de franceses y alemanes que componían el contingente "extranjero". Y luego, por supuesto, tuvo que ser presentado más formalmente a los funcionarios nativos y hacer que sus credenciales fueran transmitidas a través de un intérprete.

Había algo en el joven sureño que le gustaba al sofisticado Keogh. Sus modales eran simples, casi infantiles; pero poseía la fría indiferencia de un hombre de mucha mayor edad y experiencia. Ni uniformes ni títulos, ni trámites burocráticos, ni lenguas extranjeras, montañas ni mar pesaban sobre su ánimo. Fue heredero de todas las edades, un Atwood, de Dalesburg; y podrías conocer cada pensamiento concebido en su pecho.

Geddie fue al consulado para explicar los deberes y el funcionamiento de la oficina. Él y Keogh trataron de mostrar al nuevo cónsul la descripción del trabajo que su gobierno esperaba que realizara.

"Está bien", dijo Johnny desde la hamaca que había instalado como el lugar oficial para recostarse. "Si surge algo que deba hacerse, dejaré que ustedes lo hagan. No se puede esperar que un demócrata trabaje durante su primer mandato en el cargo".

"Puedes revisar estos encabezados", sugirió Geddie, "sobre las diferentes líneas de exportaciones que tendrás que tener en cuenta. El fruto se clasifica; y están las valiosas maderas, el café, el caucho...".

"Esa última cuenta suena bien", interrumpió el Sr. Atwood. "Suena como si pudiera extenderse. Quiero comprar una bandera nueva, un mono, una guitarra y un barril de piñas. ¿Esa cuenta de caucho se extenderá sobre ellos?".

"Eso es meramente estadística", dijo Geddie sonriendo. "La cuenta de gastos es lo que quieres. Se supone que tiene una ligera elasticidad. Los artículos de 'papelería' a veces son auditados descuidadamente por el Departamento de Estado".

"Estamos perdiendo el tiempo", dijo Keogh. "Este hombre nació para ocupar el cargo. Penetra hasta la raíz del arte con un vistazo de su ojo de águila. El verdadero genio del gobierno muestra su mano en cada palabra que habla".

"No acepté este trabajo con la intención de trabajar", explicó Johnny perezosamente. "Quería ir a algún lugar del mundo donde no hablaran de granjas. No hay ninguna aquí, ¿verdad?".

"No del tipo con el que estás familiarizado", respondió el ex cónsul. "Aquí no hay nada como la agricultura. Nunca hubo un arado o una segadora dentro de los límites de Anchuria".

"Este es mi país ideal", murmuró el cónsul e inmediatamente se quedó dormido.

El alegre fotógrafo prosiguió su intimidad con Johnny a pesar de las acusaciones abiertas de que lo hizo para obtener un puesto en ese codiciado lugar: la galería trasera del consulado. Pero ya sea que sus intenciones fueran egoístas o puramente amistosas, Keogh logró ese deseable privilegio. Pocas eran las noches en que los dos no se encontraban reposando allí en la brisa del mar, con los talones en la barandilla, y los cigarros y el brandy convenientemente cerca.

Una noche se sentaron así, mayormente en silencio, pues su conversación había disminuido ante la influencia tranquilizadora de una noche inusual.

Había una gran luna llena; y el mar tenía un color de madreperla. Casi todos los sonidos se silenciaron, porque el aire apenas se agitaba; y el pueblo yacía jadeante, esperando que la noche se enfriara. En alta mar estaba el frutero *Andador*, de la línea Vesubio, a plena carga y previsto para zarpar a las seis de la mañana. No había merodeadores en la playa. Tan brillante era la luz de la luna que los dos hombres podían ver los pequeños guijarros que brillaban en la playa donde el suave oleaje los mojaba.

Luego, por la costa, virando cerca de la orilla, navegó lentamente una pequeña balandra, de velas blancas como un ave marina de la nieve. Su curso estaba a veinte puntos del ojo del viento; así que entraba y salía de nuevo con movimientos largos y lentos, como los movimientos de un elegante patinador.

Nuevamente, las tácticas de su tripulación lo acercaron a la costa, esta vez casi frente al consulado; y luego soplaron desde la balandra notas claras y sorprendentes como si fuera un cuerno del país de los elfos. Podría haber sido un clarín de hadas, dulce, plateado e inesperado, tocando con espíritu las notas familiares de "Home, Sweet Home".

Era una escena preparada para la tierra del loto. La autoridad del mar y los trópicos, el misterio que acompaña a las velas desconocidas y el prestigio de la música a la deriva en las aguas iluminadas por la luna le dieron un encanto tranquilizador. Johnny Atwood lo sintió y pensó en Dalesburg; pero tan pronto como la mente de Keogh llegó a una teoría sobre el solo peripatético, saltó a la barandilla, y su grito desgarrador rompió el silencio de Coralio como un cañonazo.

"¡Mel-lin-ger, hola!".

La balandra estaba ahora en su rumbo hacia afuera; pero de ella salió un grito claro, respondiendo:

"Adiós, Billy... me voy a casa, ¡adiós!".

El *Andador* era el destino de la balandra. Sin duda, algún pasajero con un permiso de navegación de algún punto de la costa había bajado en este balandro para tomar el barco frutero en su viaje de regreso. Como una paloma coqueta, el pequeño bote viró en su camino excéntrico hasta que por fin su vela blanca se perdió de vista en la mayor parte del costado del frutero.

"Ese es el viejo H. P. Mellinger", explicó Keogh, dejándose caer de nuevo en su silla. "Regresa a Nueva York. Fue secretario privado del difunto presidente de esta frutería que llaman país. Ahora su trabajo ha terminado; y supongo que el viejo Mellinger se alegra".

"¿Por qué desaparece con la música, como Zozo, la reina mágica?", preguntó Johnny. "¿Solo para mostrar que a él no le importa?".

"Ese ruido que escuchaste es un fonógrafo", dijo Keogh. "Yo se lo vendí. Mellinger tenía un esquema en este país que era único en su tipo en el mundo. Esa máquina lo salvó una vez, y después siempre lo llevaba consigo".

"Cuéntame sobre eso", exigió Johnny, mostrando interés.

"No soy un divulgador de historias", dijo Keogh. "Puedo usar el lenguaje con el propósito de hablar; pero cuando intento dar un discurso, las palabras salen como quieren, y pueden tener sentido cuando golpean la atmósfera, o puede que no".

"Quiero escuchar sobre ese esquema", insistió Johnny. "No tienes derecho a negarte. Yo te he contado sobre cada hombre, mujer y poste de enganche en Dalesburg".

"Lo escucharás", dijo Keogh. "Dije que mis instintos narrativos eran confusos. No lo creas. Es un arte que he adquirido junto con muchas otras gracias y ciencias".

VI: EL FONÓGRAFO Y EL ESQUEMA

"¿Cuál era este esquema?", preguntó Johnny, con la impaciencia de un público esperando oír una historia.

"Es contrario al arte y la filosofía darte la información", dijo Keogh con calma. "El arte de la narración consiste en ocultar a tu audiencia todo lo que quiere saber hasta después de exponer tus opiniones favoritas sobre cosas ajenas al tema. Una buena historia es como una píldora amarga con una capa de azúcar en su interior. Comenzaré, con tu permiso, con un horóscopo ubicado en la nación Cheroqui; y terminaré con una melodía moral sobre fonógrafo".

"Henry Horsecollar y yo trajimos el primer fonógrafo a este país. Henry era un cheroqui mariscal de campo de raza media, educado en el este en las artes del fútbol y en el oeste con el whisky de contrabando, y un caballero, al igual que tú y yo. Era sencillo y juguetón a su manera; un hombre de unos seis pies y un poco gordo. Sí, él era un hombre pequeño como de cinco pies cinco o cinco pies once. Era lo que llamarías un hombre de estatura media. Henry había dejado la universidad una vez y la cárcel de Muscogee tres veces, esta última debido a la introducción y venta de whisky en los territorios nativos. Henry Horsecollar nunca permitió que ninguna tienda de cigarros se acercara y se parara detrás de él. Él no pertenecía a esa clase de indios".

"Henry y yo nos conocimos en Texarkana y descubrimos este esquema con el fonógrafo. Tenía $360 que le llegaron de una asignación de tierra en la reserva. Bajé corriendo de Little Rock a causa de una escena angustiosa que había presenciado en la calle. Un hombre se paró en una caja y pasó unos relojes de oro, caja de rosca, cuerda, movimiento Elgin, muy elegante. Regularmente cuestan veinte dólares. A tres dólares, la multitud peleó por ellos. El hombre había encontrado una maleta llena de ellos, y los repartió como si fueran galletas calientes en un plato. Las cubiertas traseras eran difíciles de desatornillar, pero la multitud puso su oído en ellos, y sonaban apacibles y agradables. Tres de estos relojes eran genuinos; el resto eran falsos. Cajas vacías con uno de esos insectos negros que vuelan alrededor de las luces eléctricas en ellos. Esos bichos simulan minutos y segundos laboriosos y hermosos. Entonces, este hombre del que estaba hablando hizo $288; y luego se fue, porque sabía que cuando llegara el momento de dar cuerda a los relojes en Little Rock, se necesitaría un entomólogo, y él no lo era".

"Entonces, como decía, Henry tenía $360 y yo tenía $288. La idea de introducir el fonógrafo en Sudamérica fue de Henry; yo la acepté libremente, siendo aficionado a la maquinaria de todo tipo".

"'Las razas latinas', dice Henry, explicando fácilmente con los modismos que aprendió en la universidad, 'están especialmente adaptadas para ser víctimas del fonógrafo. Tienen el espíritu artístico. Anhelan la música, el color y la alegría. Le dan el wampum al organero y al pollo de cuatro patas en la carpa cuando llevan meses atrasados con la tienda de comestibles y el árbol del pan'".

"'Entonces', dije yo, 'exportaremos música enlatada a los latinos; pero recuerdo el relato sobre ellos del Sr. Julius César donde dice: Omnia Gallia in tres partes divisa est; que es lo mismo que decir: "Necesitaremos todo nuestro valor para idear medios para organizar a esos grupos'".

"Odiaba alardear de mi educación; pero no estaba inclinado a ser exagerado en la sintaxis por un simple indio, un miembro de una raza a la que no debemos nada excepto la tierra en la que se encuentran los Estados Unidos".

"Compramos un buen fonógrafo en Texarkana, uno de los mejores, y medio baúl de grabaciones. Empacamos y tomamos el tren para Nueva Orleans. Desde ese célebre centro de melaza y canciones de negros privados de derechos tomamos un barco para Sudamérica".

"Desembarcamos en Solitas, cuarenta millas costa arriba desde aquí. Era un lugar bastante agradable a la vista. Las casas estaban limpias y blancas; y al verlas entre el paisaje, te recordaban a los huevos cocidos servidos con lechuga. Había algunas montañas altas en los suburbios; silenciosas, como si se hubieran deslizado hasta allí y estuvieran vigilando el pueblo. El mar hacía 'Sh-sh-sh' en la playa; y de vez en cuando un coco maduro caía en la arena; eso era todo lo que pasaba. Sí, creo que ese pueblo estaba considerablemente en silencio. Calculo que después de que Gabriel deje de tocar la bocina y el auto arranque, con Filadelfia balanceándose hasta la última correa y Pine Gully, Arkansas, colgando del escalón trasero, este pueblo de Solitas se despertará y preguntará si alguien habló".

"El capitán bajó a tierra con nosotros y se ofreció a realizar lo que parecía gustarle llamar las exequias. Nos presentó a Henry y a mí al cónsul de los Estados Unidos y a un ruano, jefe del Departamento de Disposiciones Mercenarias y Licenciosas, tal como se lee en su cartel".

"'Vuelvo aquí en una semana', dijo el capitán".

"'Para ese entonces', le dijimos, 'estaremos haciendo una fortuna en los pueblos del interior con nuestra prima donna galvanizada y las correctas imitaciones de la banda de Sousa excavando una marcha en una mina de estaño'".

"'No lo harán', dijo el capitán. 'Estarán hipnotizados. Cualquier caballero del público que pise amablemente el escenario y mire a este país a los ojos se convertirá en la hipótesis de que no es más que una mosca en la lechería de Elgin. Estarán en la playa con el agua hasta las rodillas esperándome, y su máquina para hacer bistec de hamburguesa con el hasta ahora respetado arte de la música tocará "There's no place like home"'".

"Henry sacó un billete de veinte y recibió de la Oficina de Disposiciones Mercenarias un papel con un sello rojo y una historia en dialecto, y sin cambio".

"Luego llenamos al cónsul de vino tinto y lo analizamos. Era un hombre delgado, joven, diría que de unos cincuenta años, una especie de francés-irlandés en sus afectos y lleno de desconsuelo. Sí, era una especie de hombre aplastado, adicto a la bebida, inclinado a la corpulencia y la miseria. Sí, creo que era una especie de holandés, muy triste y afable a su manera".

"'El maravilloso invento', dice, 'titulado el fonógrafo, nunca ha invadido estas costas. La gente nunca lo ha oído. No lo creerían aunque debieran. Hijos sencillos de la naturaleza son, el progreso nunca los ha condenado a aceptar el trabajo de un abrelatas como obertura, y el ragtime podría incitarlos a una revolución sangrienta. Pero pueden probar el experimento. La mejor posibilidad que tienen es que la población no se despierte cuando toquen. Hay dos maneras', dice el cónsul, 'pueden aceptarlo. Pueden embriagarse de atención, como un coronel de Atlanta escuchando "Marching Through Georgia", o se exaltarán y cambiarán la tonalidad de la música con un hacha y los echarán a ustedes mismos en una mazmorra. En el último caso', dice el cónsul, 'cumpliré con mi deber telegrafiando al Departamento de Estado, y los envolveré con las barras y estrellas cuando vayan a ser fusilados, y los amenazaré con la venganza de la nación con mayor exportación de oro y reserva financiera en la tierra. La bandera está llena de agujeros de bala ahora', dice el cónsul, 'hechos de esa manera. Dos veces antes', dice el cónsul, 'he telegrafiado a nuestro gobierno para que envíe un par de cañoneras para proteger a los ciudadanos estadounidenses. La primera vez el Departamento me envió un par de botas de caucho. La otra vez fue cuando un hombre llamado Pease iba a ser ejecutado aquí. Remitieron ese recurso a la Secretaría de Agricultura. Permítasenos ahora molestar al señor detrás de la barra para una continuación del vino tinto'".

"Así nos sermoneó el cónsul de Solitas a mí y a Henry Horsecollar".

"No obstante, alquilamos una habitación esa tarde en la Calle de los Ángeles, la calle principal que bordea la costa, y allí metimos las maletas. Era una habitación de buen tamaño, oscura y alegre. Estaba en una calle diferente, diversificada por casas y plantas de invernadero. Los campesinos de la ciudad iban y venían por los hermosos pastos entre las aceras. Fue, para el mundo, como un coro de ópera cuando el Royal Kafoozlum está a punto de entrar".

"Estábamos limpiando el polvo de la máquina y preparándonos para comenzar el negocio al día siguiente, cuando un hombre blanco grande y de buen aspecto vestido de blanco se detuvo en la puerta y miró adentro. Lo invitamos a pasar, el entró y nos examinó. Estaba mascando un cigarro largo y arrugando los ojos, meditativo, como una chica tratando de decidir qué vestido ponerse para la fiesta".

"'¿Nueva York?', me dijo al fin".

"'Originalmente, y de vez en cuando', respondí. '¿Aún se me nota?'".

"'Es fácil', dijo él, 'cuando sabes cómo. Es el corte del chaleco. No hacen chalecos así en ninguna otra parte. Abrigos, quizá, pero no chalecos'".

"El hombre blanco observa a Henry Horsecollar pero duda".

"'Indio', dice Henry; 'indio domesticado'.

"'Mellinger', dice el hombre, 'Homer P. Mellinger. Amigos, están detenidos. Son unos bebés en el bosque sin chaperón ni árbitro, y es mi deber ponerlos en marcha. Derribaré los accesorios y los lanzaré directamente a las aguas traslucidas de este charco de lodo tropical. Tendrán que ser bautizados y, si vienen conmigo, les romperé una botella de vino en la proa, según Hoyle'".

"Bueno, durante dos días Homer P. Mellinger hizo los honores. Ese hombre tenía influencias en Anchuria. Él era el hombre. Era el Kafoozlum Real. Si yo y Henry éramos bebés en el bosque, él era un Robin Redbreast de la rama más alta. Él, Henry Horsecollar y yo nos dimos la mano, y llevábamos el fonógrafo por todas partes, y teníamos bebidas y diversiones. En todos los lugares donde encontramos puertas abiertas, entramos y pusimos en marcha la máquina, y Mellinger llamó a la gente a observar la música artística y a sus dos amigos de toda la vida, los señores americanos. El coro de la ópera estaba emocionado y nos seguía de casa en casa. Había un tipo diferente de bebida para tomar con cada melodía. Los nativos conocían de una bebida placentera que se queda en la memoria. Cortan el extremo de un coco verde y le vierten el jugo de brandy francés y otros ingredientes. Teníamos eso y otras cosas".

"Mi dinero y el de Henry era falso. Todo estaba en Homer P. Mellinger. Ese hombre podría encontrar rollos de billetes ocultos en lugares donde ni Hermann el Mago podría haber conjurado un conejo o una tortilla. Podría haber fundado universidades, y hecho colecciones de orquídeas, y aun así le quedaría lo suficiente para comprar el voto de color de su país. Henry y yo nos preguntamos cuál era su método. Una tarde nos lo dijo".

"'Soy el secretario privado del presidente de esta república; y mis deberes son manejarla. No aparezco en los titulares de las cuentas, pero soy la mostaza en el aderezo para ensaladas igualmente. No hay una ley que se presente en el Congreso, una concesión que se otorgue, un impuesto de importación que se cobre, sino lo que H. P. Mellinger cocina y sazona. En la oficina principal lleno el tintero del presidente y busco puñales y dinamita entre los estadistas visitantes; pero en la trastienda dicto la política del gobierno. Nunca adivinarían en el mundo cómo obtuve mi influencia. Es el único esquema de su tipo en la tierra. Les explicaré. ¿Recuerdan el viejo refrán: 'La honestidad es la mejor política'? Eso es todo. Estoy utilizando la honestidad a mi favor. Soy el único hombre honesto en la república. El gobierno lo sabe; el pueblo lo sabe; los charlatanes lo saben; los inversionistas extranjeros lo saben. Hago que el gobierno mantenga su fe. Si a un hombre se le promete un trabajo, lo consigue. Si el capital externo compra una concesión, obtiene los bienes. Dirijo un monopolio de trato justo aquí. No hay competencia. Si el coronel Diógenes encendiera su linterna en este recinto, tendría mi dirección en dos minutos. No hay mucho dinero en ello, pero es algo seguro, y permite que un hombre duerma por las noches'".

"Así nos habló Homer P. Mellinger a Henry Horsecollar y a mí. Y, más tarde, dijo este comentario:

'Amigos, voy a celebrar una velada esta noche con un grupo de ciudadanos destacados y quiero su ayuda. Traigan el aparato musical y denle al asunto la apariencia exterior de una función. Hay un negocio importante entre manos, pero no debe mostrarse. Puedo hablarlo con ustedes. Me ha dolido durante años no tener a nadie con quien desahogarme y presumir. A veces me da nostalgia, y cambiaría todos los privilegios del cargo por solo una hora para tomar una bebida y un sándwich de caviar en algún lugar de la calle Treinta y Cuatro, y pararme y ver pasar los tranvías, y oler el tostador de maní en un puesto de frutas del viejo Giuseppe'".

"'Sí', dije, 'el caviar es muy bueno en el café de Billy Renfrew, esquina de la Treinta y Cuatro y ...'"

"'Dios lo sabe', interrumpió Mellinger, 'y si me hubieras dicho que conocías a Billy Renfrew, habría inventado un montón de maneras de hacerte feliz. Billy fue mi compañero de equipo en Nueva York. Es un hombre que nunca supo lo que era lo deshonesto. Aquí estoy sacando provecho de la honestidad, pero ese hombre pierde dinero con eso. ¡Caramba! Me enferma a veces este país. Todo está podrido. Desde el ejecutivo hasta los recolectores de café, están planeando derribarse unos a otros y despellejar a sus amigos. Si un arriero se quita el sombrero ante un funcionario, ese hombre se da cuenta de que es un ídolo popular y hace planes para provocar una revolución y trastornar a la administración. Una de mis pequeñas tareas como secretario privado es descubrir estas revoluciones y ponerles fin antes de que estallen y dañen la pintura de la propiedad del gobierno. Es por eso que estoy aquí ahora en este pueblo costero mohoso. El gobernador del distrito y su tripulación están conspirando para sublevarse. Tengo cada uno de sus nombres, y están invitados a escuchar el fonógrafo esta noche, cortesía de H. P. M. Así es como los reuniré, y las cosas que les sucederán están en el programa'".

"Los tres estábamos sentados en la mesa de la cantina de los Santos Purificados. Mellinger sirvió el vino y parecía preocupado; yo estaba pensando".

"'Son una multitud audaz', dice un poco inquieto. 'Están capitalizados por un sindicato extranjero del caucho, y están cargados hasta el cuello por sobornar. Estoy harto de la ópera cómica. Quiero oler el East River y usar tirantes otra vez. A veces tengo ganas de dejar mi trabajo, pero soy lo suficientemente tonto como para estar orgulloso de él. 'Ahí está Mellinger', dicen aquí. '¡Por Dios! no puedes tentarlo ni con un millón'. Me gustaría recuperar esa grabación y mostrársela a Billy Renfrew algún día; y eso afirma mi motivación cada vez que veo una cosa valiosa que podría acaparar con solo guiñar un ojo y perder mi método. No pueden jugar conmigo; ellos lo saben. El dinero que gano lo hago honestamente y lo gasto. Algún día haré un montón y volveré a comer caviar con Billy. Esta noche les mostraré cómo manejar a un grupo de corruptos. Les mostraré lo que quiere decir Mellinger, secretario privado, es en realidad'".

"Mellinger parece tembloroso y rompe su vaso contra el cuello de la botella".

"Me digo a mí mismo: 'Hombre blanco, si no me equivoco, ha sido colocado un cebo donde el rabillo del ojo podría verlo'".

"Esa noche, de acuerdo con los arreglos, Henry y yo llevamos el fonógrafo a una habitación en una casa de adobe en una calle sucia, donde la hierba llegaba a la rodilla. Era una habitación grande, iluminada con lámparas de aceite humeantes. Había muchas sillas y una mesa en la parte de atrás. Dejamos el fonógrafo sobre la mesa. Mellinger estaba allí, caminando de un lado a otro, perturbado. Masticaba cigarros y los escupía, y se mordía la uña del pulgar de la mano izquierda".

"Poco a poco, los invitados a la obra musical llegaron de a pares, de tríos y quintos. Su color era variado, desde blancos como la espuma del mar hasta un negro de charol. Eran muy educados, emocionados por los placeres de darle las buenas noches al señor Mellinger. Entendí su conversación en español: operé un motor de bombeo durante dos años en una mina de plata mexicana y lo dominaba bien, pero nunca lo usaba".

"Tal vez cincuenta de ellos habían venido y estaban sentados, cuando se deslizó la abeja reina, el gobernador del distrito. Mellinger lo recibió en la puerta y lo acompañó a la gran tribuna. Cuando vi a ese latino supe que Mellinger, secretario privado, controlaba todo. Era un hombre grande y gordo, del color de un cubre zapatos de caucho, y tenía ojos como los de un jefe de camareros".

"Mellinger explicó, fluido, en los modismos castellanos, que su alma estaba desbordada de alegría al presentar a sus respetables amigos el mayor invento de América, la maravilla de la época. Henry captó la señal y ejecutó una elegante grabación de música y las festividades comenzaron. El gobernador entendía un poco de inglés, y cuando la música se apagó, dijo:

'Mu-u-uy bien. Gr-r-r-r-racias, a los caballeros estadounidenses, por la muusica espléndida que tocaron'".

"La mesa era larga, y Henry y yo nos sentamos al final junto a la pared. El gobernador se sentó en el otro extremo. Homer P. Mellinger estaba de pie a un lado. Me preguntaba cómo Mellinger iba a manejar a la multitud, cuando de repente empezaron los servicios".

"Ese gobernador era apto para levantamientos y políticas. Juzgo que era un tipo de hombre listo, que se tomaba su tiempo. Sí, estaba lleno de atención e inmediatez. Apoyó las manos sobre la mesa y giró su rostro hacia el secretario'"

"'¿Los estadounidenses entienden español?', preguntó con su acento nativo".

"'No', respondió Mellinger".

"'Entonces escucha', prosiguió el hombre latino. 'La música es suficientemente bonita, pero no necesaria. Hablemos de negocios. Sé bien por qué estamos aquí, ya que observo a mis compatriotas. Ayer tuvo un susurro, señor Mellinger, de nuestras propuestas. Esta noche hablaremos. Sabemos que está a favor del presidente y conocemos su influencia. El gobierno será cambiado. Sabemos el valor de sus servicios. Estimamos tanto su amistad y ayuda que...', Mellinger levanta la mano, pero el hombre gobernador lo reprime. 'No hables hasta que haya terminado'".

"El gobernador entonces sacó un paquete envuelto en papel de su bolsillo y lo pone sobre la mesa junto a la mano de Mellinger".

"'Allí encontrarás cincuenta mil dólares en dinero de tu país. No puedes hacer nada contra nosotros, pero puedes valer eso para nosotros. Regresa a la capital y obedece nuestras instrucciones. Toma ese dinero ahora. Confiamos en ti. Con él encontrarás un documento que explica en detalle el trabajo que se espera que hagas para nosotros. No cometas la imprudencia de negarte'".

"El hombre gobernador hizo una pausa, con los ojos fijos en Mellinger, lleno de expresiones y observancias. Miré a Mellinger y me alegré de que Billy Renfrew no pudiera verlo en ese momento. El sudor brotaba de su frente y se quedó mudo, golpeando el paquetito con la punta de los dedos. La pandilla colorado-maduro estaba detrás de su esquema. Solo tenía que cambiar de política y meterse cinco dedos en el bolsillo interior".

"Henry me susurra y quiere que se interprete la pausa en el programa. Susurro de vuelta: 'H. P. se enfrenta a un soborno del tamaño de un senador, y los negros lo han puesto en marcha'. Vi que la mano de Mellinger se acercaba al paquete. 'Se está debilitando', le susurré a Henry. 'Le recordaremos', dice Henry, 'el tostador de maní en la calle Treinta y cuatro, Nueva York'".

"Henry se agachó y tomó un disco de la canasta que habíamos traído, lo puso en el fonógrafo y lo puso en marcha. Era un solo de corneta, muy limpio y hermoso, y se llamaba "Home, Sweet Home". Ninguno de los cincuenta hombres que estaban en la sala se movió mientras sonaba, y el gobernador mantuvo los ojos fijos en Mellinger. Vi que la cabeza de Mellinger se levantaba poco a poco y su mano se apartaba del paquete. No fue hasta que sonó la última nota que nadie se movió. Luego Homer P. Mellinger tomó el paquete y lo golpea en la cara del gobernador".

"'Esa es mi respuesta', dijo Mellinger, secretario privado, 'y habrá otra por la mañana. Tengo pruebas de conspiración contra todos ustedes. El espectáculo ha terminado, caballeros'".

"'Hay un acto más', comentó el gobernador. 'Eres un sirviente, empleado por el presidente para copiar cartas y responder a los golpes en la puerta. Soy gobernador aquí. Señores, los llamo en nombre de la causa para que arresten a este hombre'".

"Ese grupo manchado de conspiradores empujó sus sillas hacia atrás y avanzó con fuerza. Pude ver dónde Mellinger había cometido su error al concentrar a su enemigo para hacer su jugada contra todos ellos. Creo que también hizo otro; pero podemos omitir eso, siendo diferente la idea de Mellinger de un esquema y el mío, según estimaciones y puntos de vista".

"Solo había una ventana y una puerta en esa habitación, y estaban en la parte delantera. Aquí había cincuenta y tantos hombres latinos que venían en grupo para obstruir la legislación de Mellinger. Se puede decir que éramos tres, pues Henry y yo, simultáneamente, declaramos la ciudad de Nueva York y la Nación Cheroqui a favor de la parte más débil".

"Fue entonces cuando Henry Horsecollar llegó a un punto de desorden e intervino, mostrando admirablemente las ventajas de la educación aplicada al intelecto natural y al refinamiento nativo de los indios americanos. Se puso de pie y se alisó el pelo hacia atrás a cada lado con las manos como se ha visto hacer a las niñas cuando juegan".

"'Pónganse detrás de mí', dijo Henry".

"'¿Qué harás, jefe?, pregunté".

"'Voy a ir al centro'", dijo Henry, en su lenguaje futbolístico. 'No hay ningún tacleador en el grupo de ellos. Síganme de cerca y apresúrense'".

"Entonces ese culto hombre rojo exhaló con su boca un arreglo de sonidos que hizo que la agrupación latina se detuviera, con meditaciones y vacilaciones. Su proclamación parecía ser una mezcla del grito de guerra de Carlisle con el grito de la universidad Cheroqui. Fue al equipo contrario como un frijol fuera del tirador de negros de un niño pequeño. Su codo derecho empujó al gobernador sobre la parrilla, e hizo un camino tan ancho que una mujer podría haber pasado una escalera sin chocar contra nada. Todo lo que teníamos que hacer Mellinger y yo era seguirlo".

"Tardamos solo tres minutos en salir de esa calle y llegar al cuartel general militar, donde Mellinger hacía las cosas a su manera. Un coronel y un batallón de infantería descalza salieron y regresaron al escenario de la obra musical con nosotros, pero la banda de conspiradores se había ido. Recuperamos el fonógrafo con honores de guerra y marchamos de regreso al cuartel con él tocando "All Coons Look Alike to Me".

"Al día siguiente, Mellinger nos llevó a Henry y a mí a un lado, y comenzó a repartir billetes de diez y de veinte".

"'Quiero comprar un fonógrafo', dijo él. 'Me gustó esa última canción que tocó en la fiesta'".

"'Esto es más de lo que vale la máquina', comenté".

"'Es dinero para gastos del gobierno', dice Mellinger. 'El gobierno lo paga, y está abaratando el molinillo de melodías'".

"Henry y yo lo sabíamos muy bien. Sabíamos que habíamos salvado de Homer P. Mellinger cuando estaba a punto de perder; pero nunca le hicimos saber que lo sabíamos".

"'Ahora, muchachos, será mejor que se vayan más allá de la costa por un tiempo', dice Mellinger, 'hasta que consiga someter a estos tipos aquí. Si no lo hacen, tendrán problemas. Y si alguna vez vuelven a ver a Billy Renfrew antes que yo, díganle que volveré a Nueva York tan pronto como pueda hacer una apuesta, honestamente'".

"Henry y yo permanecimos ocultos hasta el día en que regresó el barco. Cuando vimos el barco del capitán en la playa bajamos y nos paramos en la orilla del agua. El capitán sonrió cuando nos vio".

"'Les dije que me estarían esperando', dijo. '¿Dónde está la máquina de hamburguesas?'".

"'Se va a quedar aquí', respondí, 'para tocar "Home, Sweet Home"'".

"'Les dije', repitió el capitán. 'Suban al bote'".

"Y esa", dijo Keogh, "es la forma en que Henry Horsecollar y yo introdujimos el fonógrafo en este país. Henry volvió a los Estados Unidos, pero desde entonces he estado hurgando en los trópicos. Dicen que Mellinger nunca viajó una milla después de eso sin su fonógrafo. Supongo que recordaba su plan cada vez que oía la voz de sirena del embaucador que le guiñaba el ojo con un soborno en la mano".

"Supongo que se lo lleva de vuelta a su hogar como un recuerdo", remarcó el cónsul.

"No como un recuerdo", dijo Keogh. "Necesitará dos de ellos en Nueva York, tocando día y noche".

VII: LABERINTO DE DINERO

La nueva administración de Anchuria asumió con entusiasmo sus deberes y privilegios. Su primer acto fue enviar un agente a Coralio con órdenes imperiosas de recuperar, si era posible, la suma de dinero sustraída de la Tesorería por el desdichado Miraflores.

El coronel Emilio Falcon, secretario privado de Losada, el nuevo presidente, fue enviado desde la capital a esta importante misión.

El cargo de secretario privado de un presidente tropical es de responsabilidad. Debe ser un diplomático, un espía, un gobernante de hombres, un guardaespaldas de su jefe y un previsor de complots y revoluciones nacientes. A menudo es el poder detrás del trono, el dictador de la política; y un presidente lo elige con mucho más cuidado que con el que elige a un compañero matrimonial.

El coronel Falcon, un apuesto y cortés caballero de cortesía castellana y gentil, llegó a Coralio con la tarea de encontrar el rastro frío del dinero perdido. Allí consultó con las autoridades militares, que habían recibido instrucciones de cooperar con él en la búsqueda.

El coronel Falcon estableció su cuartel general en uno de los salones de la Casa Morena. Aquí, durante una semana, celebró sesiones informales, como si fuera una especie de gran jurado unificado, y convocó ante él a todos aquellos cuyo testimonio podría iluminar la tragedia financiera que había acompañado a la menos trascendental muerte del presidente.

Dos o tres de los así examinados, entre los que se encontraba el barbero Esteban, declararon haber identificado el cuerpo del presidente antes de su sepultura.

"De verdad", testificó Esteban ante el poderoso secretario, "era él, el presidente. ¡Piense! ¿Cómo podría afeitar a un hombre y no verle la cara? Me mandó a buscar para que lo afeitara en una pequeña casa. Tenía una barba muy negra y tupida. ¿Había visto alguna vez al presidente antes? Una vez lo vi salir en un carruaje del vapor en Solitas. Cuando lo afeité, me dio una moneda de oro y dijo que no hablara de eso. Pero yo soy liberal, soy devoto de mi país, y le hablé de estas cosas al señor Goodwin".

"Se sabe", dijo el coronel Falcon con suavidad, "que el difunto presidente se llevó consigo un maletín de cuero estadounidense que contenía una gran cantidad de dinero. ¿Lo miró?".

"De veras, no", respondió Esteban. "La luz de la casita no era más que una pequeña lámpara por la que apenas podía ver para afeitar al presidente. Tal cosa pudo haber existido, pero yo no lo vi. No. También en la habitación había una joven, una señorita de mucha belleza, que pude ver incluso con una luz tan tenue. Pero el dinero, señor, o la cosa en que se traía, eso no lo vi".

El comandante y otros oficiales declararon haber sido despertados y alarmados por el ruido de un disparo en el Hotel de los Extranjeros. Apresurándose allí para proteger la paz y la dignidad de la república, encontraron a un hombre muerto, con una pistola en la mano. Junto a él estaba una mujer joven, llorando dolorosamente. El señor Goodwin también estaba en la habitación cuando entraron. Pero del maletín de dinero no vieron nada.

La Madama Timotea Ortiz, propietaria del hotel en el que se había jugado el juego de zorro por la mañana, contó la llegada de los dos huéspedes a su casa.

"A mi casa vinieron", dijo ella, "un señor, no del todo viejo, y una señorita de bastante hermosura. No querían comer ni beber, ni siquiera de mi aguardiente, que es lo mejor. Subieron a sus habitaciones número nueve y número diez. Más tarde llegó el señor Goodwin, quien subió a hablar con ellos. Entonces oí un gran ruido como de un cañón, y dijeron que el pobre presidente se había pegado un tiro. Está bueno. No vi nada de dinero ni de ese maletín en el que dicen que lo traía".

El coronel Falcon pronto llegó a la conclusión razonable de que, si alguien en Coralio podía proporcionar una pista sobre el dinero desaparecido, Frank Goodwin debía ser el hombre. Pero el sabio secretario siguió un curso diferente al buscar información del estadounidense. Goodwin era un poderoso amigo de la nueva administración, y alguien a quien no se debía tratar con descuido ni por su honestidad ni por su coraje. Incluso el secretario privado de Su Excelencia vaciló en hacer que este príncipe del caucho y barón de la caoba fuera llevado ante él como un ciudadano común de Anchuria. Así que le envió a Goodwin una epístola florida, cada pétalo de palabra chorreando miel, solicitando el favor de una entrevista. Goodwin respondió con una invitación a cenar en su propia casa.

Antes de la hora establecida, el estadounidense caminó hasta la Casa Morena y saludó a su invitado con franqueza y amistad. Luego los dos pasearon, en el fresco de la tarde, a la casa de Goodwin en los alrededores.

El estadounidense dejó al coronel Falcon en una habitación grande, fresca, sombreada, con un piso de madera pulida y taraceada que cualquier millonario de los Estados Unidos habría envidiado, y se excusó por unos minutos. Atravesó un patio, sombreado con toldos y plantas hábilmente dispuestos, y entró en una larga habitación que daba al mar en el ala opuesta de la casa. Las amplias persianas se abrieron de par en par y la brisa del mar inundó la habitación, una corriente invisible de frescura y salud. La esposa de Goodwin estaba sentada cerca de una de las ventanas, haciendo un boceto en acuarela del paisaje marino de la tarde.

Aquí estaba una mujer que parecía ser feliz. Y aún más, parecía estar satisfecha. Si un poeta se hubiera inspirado para escribir solo símiles sobre su favor, habría comparado sus ojos claros y llenos, con sus iris grises rodeados de blanco, con flores de luna. Con ninguna de las diosas cuyos encantos tradicionales se han vuelto fríamente clásicos, el perspicaz rimador la habría comparado. Era puramente paradisíaca, no olímpica. Si puedes imaginar a Eva, después de la expulsión, seduciendo a los guerreros llameantes y serenamente volviendo al jardín, la tendrás. Tan humana, y todavía tan en armonía con el Edén, parecía la señora Goodwin.

Cuando entró su marido, levantó la vista y sus labios se curvaron y entreabrieron; sus párpados revolotearon dos o tres veces, un movimiento que recordaba (¡que la poesía nos perdone!) el movimiento de la cola de un perro fiel, y una pequeña onda la atravesó como la conmoción provocada en un sauce llorón por una ráfaga de viento. Así reconocía siempre su venida, aunque fuera veinte veces al día. Si aquellos que a veces se sentaban a tomar un vino en Coralio, dando nueva forma a viejas y divertidas historias sobre la loca carrera de Isabel Guilbert, hubieran podido ver a la esposa de Frank Goodwin esa tarde en el aura estimable de su feliz matrimonio, podrían no haber creído, o haber aceptado olvidar, aquellos anales gráficos de la vida de aquella por quien su presidente entregó su patria y su honor.

"He traído un invitado a cenar", dijo Goodwin. Un tal coronel Falcon, de San Mateo. Ha venido por asuntos del gobierno. No creo que te interese verlo, así que te prescribo uno de esos convenientes e indiscutibles dolores de cabeza femeninos".

"Ha venido a investigar sobre el dinero perdido, ¿verdad?", preguntó la Sra. Goodwin, continuando con su boceto.

"¡Una buena suposición!", reconoció Goodwin. "Ha estado haciendo una investigación entre los nativos durante tres días. Soy el siguiente en su lista de testigos, pero como le da vergüenza llevar ante él a uno de los súbditos del Tío Sam, consiente en darle la apariencia externa de una visita social. Aplicará la tortura sobre mi propio vino y comida.

"¿Ha encontrado a alguien que haya visto el maletín de dinero?".

"Ni un alma. Incluso la Madama Ortiz, cuyos ojos son tan agudos como la vista de un funcionario de Hacienda, no recuerda ningún equipaje".

La Sra. Goodwin dejó su brocha y suspiró.

"Lamento mucho, Frank", dijo ella, "que te estén dando tantos problemas sobre el dinero. Pero no podemos dejar que lo descubran, ¿verdad?".

"No sin hacerle a nuestra inteligencia una gran injusticia", dijo Goodwin con una sonrisa y un encogimiento de hombros que había aprendido de los nativos. Aun siendo estadounidense, me echarían en el calabozo en media hora si supieran que nos hemos apropiado de ese maletín. No; debemos parecer tan ignorantes sobre el dinero como los otros ignorantes en Coralio".

"¿Crees que este hombre que enviaron sospecha de ti?", preguntó ella frunciendo un poco las cejas.

"Será mejor que no", dijo el estadounidense, descuidadamente. "Es una suerte que nadie haya visto el maletín excepto yo. Como estaba en las habitaciones cuando se pegó el tiro, no es de extrañar que quieran investigar mi parte en el asunto con bastante detenimiento. Pero no hay motivo de alarma. Este coronel está abajo en la lista de eventos para una buena cena, creo que con un postre de 'alarde' estadounidense acabará con el asunto."

La Sra. Goodwin se levantó y caminó hacia la ventana. Goodwin la siguió y se paró a su lado. Se inclinó hacia él y descansó bajo la protección de su fuerza, como siempre había descansado desde aquella noche oscura en la que él se había convertido por primera vez en su torre de refugio. Así se quedaron un rato.

Directamente a través del espléndido crecimiento de ramas, hojas y enredaderas tropicales frente a ellos, se había recortado hábilmente una vista que terminaba en los alrededores despejados de Coralio, a orillas del manglar. En el otro extremo del túnel aéreo se podía ver la tumba y una lápida de madera que llevaba el nombre del desdichado presidente Miraflores. Desde esta ventana, cuando las lluvias prohibían el aire libre, y desde las verdes y sombreadas laderas de las fértiles tierras de Goodwin, cuando los cielos sonreían, su esposa solía mirar esa tumba con una dulce tristeza que ahora apenas empañaba su felicidad.

"¡Lo amaba tanto, Frank!" dijo ella, "incluso después de ese terrible escape y su terrible final. Y has sido tan bueno conmigo, y me has hecho tan feliz. Todo se ha convertido en un enigma tan extraño. Si se enteraran de que nos quedamos el dinero, ¿crees que te obligarían a devolver la cantidad al gobierno?".

"Sin duda lo intentarían", respondió Goodwin. "Tienes razón acerca de que es un enigma. Y debe seguir siendo un enigma para Falcon y todos sus compatriotas hasta que se resuelva solo. Tú y yo, que sabemos más que nadie, solo conocemos la mitad de la solución. No debemos dejar que ni una pizca de este dinero llegue al exterior. Que lleguen a la teoría de que el presidente lo ocultó en las montañas durante su viaje, o que encontró los medios para sacarlo del país antes de llegar a Coralio. No creo que Falcon sospeche de mí. Está haciendo una investigación minuciosa, de acuerdo con sus órdenes, pero no encontrará nada".

Así hablaron juntos. Si alguien los hubiera escuchado o supervisado mientras discutían los fondos perdidos de Anchuria, se habría presentado un segundo misterio. Porque en los rostros y en el porte de cada uno de ellos era visible (si se ha de creer en los semblantes) la honestidad, el orgullo y los pensamientos honorables de los sajones. En el ojo y rasgos firmes de Goodwin, moldeados en forma material por el espíritu interior de bondad, generosidad y coraje, no había nada reconciliable con sus palabras.

En cuanto a su esposa, la fisonomía la defendió incluso frente a sus palabras acusatorias. La nobleza estaba en su disfraz; la pureza estaba en su mirada. La devoción que manifestaba no tenía ni la apariencia de ese sentimiento que de vez en cuando inspira a una mujer a compartir la culpa de su pareja por la patética grandeza de su amor. No, aquí había una discrepancia entre lo que el ojo habría visto y el oído habría escuchado.

Se sirvió la cena a Goodwin y a su invitado en el patio, bajo el fresco follaje y las flores. El estadounidense rogó al ilustre secretario que disculpara la ausencia de la señora Goodwin, que sufría, dijo, de un dolor de cabeza provocado por una leve calentura.

Después de la comida se demoraron, según la costumbre, con el café y los cigarros. El coronel Falcon, con verdadera delicadeza castellana, esperó a que su anfitrión mencionara la cuestión por la que se habían reunido. Él no tuvo que esperar mucho. Tan pronto como se encendieron los cigarros, el estadounidense abrió el camino preguntando si las investigaciones del secretario en la ciudad le habían proporcionado alguna pista sobre los fondos perdidos.

"Todavía no he encontrado a nadie", admitió el coronel Falcon, "que haya visto siquiera el maletín o el dinero. Sin embargo, he persistido. Ha quedado probado en la capital que el presidente Miraflores salió de San Mateo con cien mil dólares pertenecientes al gobierno, acompañado de la señorita Isabel Guilbert, la cantante de ópera. El Gobierno, oficial y personalmente, se resiste a creer", concluyó con una sonrisa el coronel Falcon, "que el gusto de nuestro difunto presidente le hubiera permitido abandonar en la ruta, como exceso de equipaje, cualquiera de los apetecibles artículos con los que su huida estaba cargada".

"Supongo que le gustaría escuchar lo que tengo que decir sobre el asunto", dijo Goodwin, yendo directamente al grano. "No harán falta muchas palabras".

"Esa noche, junto con otros de nuestros amigos aquí, estaba buscando al presidente, habiendo sido notificado de su fuga por un telegrama en nuestro código nacional de Englehart, uno de nuestros líderes en la capital. A eso de las diez de la noche vi a un hombre y a una mujer corriendo por las calles. Fueron al Hotel de los Extranjeros, y rentaron habitaciones. Los seguí escaleras arriba, dejando a Esteban vigilando afuera. El barbero me había dicho que esa noche le había afeitado la barba al presidente; por lo tanto, estaba preparado, cuando entré en las habitaciones, para encontrarlo con una cara suave. Cuando lo detuve en nombre del pueblo, sacó una pistola y se pegó un tiro al instante. En unos minutos muchos oficiales y ciudadanos estaban en el lugar. Supongo que ya ha sido informado de los hechos posteriores".

Goodwin hizo una pausa. El agente de Losada mantuvo una actitud expectante, como si esperara que continuara.

"Y ahora", prosiguió el estadounidense, mirando fijamente a los ojos del otro hombre, y dando a cada palabra un énfasis deliberado, "me hará el favor de prestar atención a lo que tengo que añadir. No vi maletín ni recipiente de ningún tipo, ni dinero alguno perteneciente a la República de Anchuria. Si el presidente Miraflores salió con algún dinero de la Tesorería de este país, o de sí mismo, o de cualquier otra persona, no vi rastro de ello en la casa ni en otra parte, en ese momento ni en ningún otro. ¿Cubre esa declaración el motivo de la consulta que deseaba hacerme?".

El coronel Falcon hizo una reverencia e hizo una curva fluida con su cigarro. Su deber fue cumplido. Goodwin no debía ser cuestionado. Era un partidario leal del gobierno y gozaba de la plena confianza del nuevo presidente. Su rectitud había sido el capital que le había traído fortuna en Anchuria, así como había formado el lucrativo "esquema" de Mellinger, el secretario de Miraflores.

"Le agradezco, señor Goodwin", dijo Falcón, "por hablar claramente. Su palabra será suficiente para el presidente. Pero, señor Goodwin, tengo instrucciones de seguir todas las pistas que se presenten en este asunto. Hay una que aún no he tocado. Nuestros amigos en Francia, señor, tienen un dicho, 'Cherchez la femme', cuando hay un misterio sin pista. Pero aquí no tenemos que buscar. La mujer que acompañó al difunto presidente en su huida seguramente debe…".

"Debo interrumpirlo allí", intervino Goodwin. "Es cierto que cuando entré al hotel con el propósito de interceptar al presidente Miraflores encontré allí a una señorita. Debo rogarle que recuerde que esa señorita es ahora mi esposa. Hablo por ella como lo hago por mí mismo. Ella no sabe nada del destino del maletín o del dinero que busca. Dirá a Su Excelencia que garantizo su inocencia. No necesito decirle, coronel Falcón, que no me interesa que la interroguen o la molesten".

El coronel Falcon hizo una reverencia nuevamente.

"¡Por supuesto, no!" comentó. Y para indicar que la indagación había terminado, añadió: "Y ahora, señor, permítame rogarle que me muestre esa vista del mar de su galería de que habló. Soy un amante del mar".

A primera hora de la tarde, Goodwin caminó de regreso al pueblo con su invitado, dejándolo en la esquina de la Calle Grande. Cuando regresaba a casa, un "Beelzebub" Blythe, con aire de cortesano y aspecto de espantapájaros, se abalanzó sobre él desde la puerta de una pulpería.

Blythe había sido rebautizado como "Beelzebub" como reconocimiento a la grandeza de su caída. Una vez, en algún lejano paraíso perdido, se había reunido con los ángeles de la tierra. Pero el destino lo había arrojado de cabeza a los trópicos, donde ardía en su pecho un fuego que rara vez se extinguía. En Coralio lo llamaban vagabundo; pero era, en realidad, un idealista categórico que se esforzaba por distorsionar las aburridas verdades de la vida por medio del brandy y el ron. Así como el mismo Beelzebub pudo haber sostenido en su mano con involuntaria tenacidad su arpa o su corona durante su tremenda caída, su homónimo se había aferrado a sus anteojos con montura dorada como el único recuerdo de su propiedad perdida. Estos los usó con distinción mientras recorría las playas y mendigaba. Por algún medio misterioso mantenía su rostro enrojecido por la bebida siempre bien afeitado. Por lo demás, bebió con gracia con quien pudo durante lo suficiente para mantenerse bastante borracho y protegido de las lluvias y el rocío nocturno.

"¡Hola, Goodwin!", llamó el abandonado airosamente. "Esperaba encontrarte. Quería verte en particular. Vamos a donde podamos hablar. Por supuesto que sabes que hay un tipo aquí abajo investigando el dinero que perdió el viejo Miraflores".

"Sí", dijo Goodwin, "estaba hablando con él. Vayamos a la casa de Espada, puedo darte diez minutos".

Entraron en la pulpería y se sentaron en una mesita sobre taburetes con tapas de cuero sin curtir.

"¿Quieres beber algo?", preguntó Goodwin.

"No pueden traerlo demasiado rápido", dijo Blythe. "He estado en una sequía desde la mañana. ¡Eh, muchacho!, el aguardiente por acá".

"Ahora, ¿para qué querías verme?", preguntó Goodwin mientras les servían las bebidas.

"Maldita sea, viejo", dijo Blythe arrastrando las palabras, "¿por qué estropeas un momento dorado como este con negocios? Quería verte, bueno, esto primero". Bebió su brandy y miró con añoranza el vaso vacío.

"¿Otro?", sugirió Goodwin.

"Entre caballeros", dijo el ángel caído, "no me gusta mucho su uso de esa palabra 'otro'. No es del todo delicada. Pero la idea concreta que representa la palabra no me desagrada".

Los vasos fueron rellenados. Blythe bebió felizmente del suyo, mientras comenzaba a entrar en el estado de un verdadero idealista.

"Debo irme en uno o dos minutos", insinuó Goodwin. "¿Hay algo en particular?".

Blythe tardó en responder.

"El viejo Losada lo convertiría en un país cálido", observó al final "para el hombre que robó esa bolsa de dinero del tesoro, ¿no crees?".

"Sin duda lo haría", acordó Goodwin con calma, mientras se ponía de pie tranquilamente. "Me iré a la casa ahora, viejo. La Sra. Goodwin está sola. No había nada importante que tuvieras que decir, ¿verdad?".

"Eso es todo", dijo Blythe. "A menos que no le importe enviar otra bebida del bar cuando salga. El viejo Espada ha cerrado mi cuenta a pérdidas y ganancias. Y paga la cuenta, ¿quieres?, como un buen tipo".

"Está bien", dijo Goodwin. "Buenas Noches".

"Beelzebub" Blythe se entretuvo con sus tazas, lustrando sus anteojos con un pañuelo de mala reputación.

"Pensé que podría hacerlo, pero no pude", murmuró para sí mismo después de un tiempo. "Un caballero no puede chantajear al hombre con el que bebe".

VIII: EL ALMIRANTE

La leche derramada saca pocas lágrimas de una administración anchuriana. Muchas son sus fuentes lácteas; y las manecillas de los relojes señalan para siempre la hora de ordeñar. Ni siquiera la rica crema sustraída de la Tesorería por el embrujado Miraflores hizo que los patriotas recién instalados perdieran el tiempo en inútiles lamentos. El Gobierno se dedicó filosóficamente a suplir la carencia aumentando los derechos de importación y "sugiriendo" a los ciudadanos adinerados que las contribuciones de acuerdo con sus posibilidades se considerarían patrióticas y ordenadas. Se esperaba que la prosperidad acompañara el reinado de Losada, el nuevo presidente. Los funcionarios derrocados y los favoritos militares organizaron un nuevo partido "liberal" y comenzaron a trazar sus planes para otra sucesión. Así, el juego de la política anchuriana comenzó, como una comedia china, a desarrollar lentamente su longitud. Aquí y allá, la alegría se asoma por un instante e ilumina las líneas floridas.

Una docena de cuartos de champán junto con una sesión informal del presidente y su gabinete llevaron al establecimiento de la marina y al nombramiento de Felipe Carrera como su almirante.

Junto al champán el mérito del nombramiento es de don Sabas Plácido, el recién confirmado ministro de la Guerra.

El presidente había solicitado una reunión de su gabinete para la discusión de cuestiones políticas y para la tramitación de ciertos asuntos rutinarios de estado. La sesión había sido notablemente tediosa; el negocio y el vino prodigiosamente secos. Un repentino y travieso humor de don Sabas, impulsándolo a la hazaña, sazonaba los graves asuntos de estado con una bocanada de agradable alegría.

En el orden dilatorio había llegado un boletín del departamento costero de Orilla del Mar informando del decomiso por parte de los agentes de aduanas de la localidad de Coralio de la balandra *Estrella del Noche* y su cargamento de telas, medicamentos de patente, azúcar granulada y brandy tres estrellas. También seis rifles Martini y un barril de whisky estadounidense. Atrapada en el acto de contrabando, la balandra con su cargamento era ahora, según la ley, propiedad de la república.

El recaudador de Aduanas, al hacer su informe, se apartó de las formas convencionales hasta el punto de sugerir que la embarcación confiscada se convirtiera para el uso del gobierno. El premio fue la primera captura del departamento en diez años. El recaudador aprovechó la oportunidad para felicitar a su departamento.

A menudo sucedía que los funcionarios del gobierno requerían transporte de un punto a otro a lo largo de la costa, y por lo general faltaban los medios. Además, la balandra podría estar tripulada por una tripulación leal y emplearse como guardacostas para desalentar el pernicioso arte del contrabando. El recaudador se atrevió también a nombrar a uno a quien se pudiera encomendar con seguridad el cargo del bote, un joven de Coralio, Felipe Carrera, no de extrema sabiduría, pero leal y el mejor marinero de la costa.

Fue en base a esta insinuación que el ministro de Guerra actuó, haciendo una rara broma que animó mucho el tedio de la sesión ejecutiva.

En la constitución de esta pequeña república bananera marítima había una sección olvidada que preveía el mantenimiento de una armada. Esta disposición, junto con muchas otras más sabias, había permanecido inerte desde el establecimiento de la república. Anchuria no tenía armada y no necesitaba una. Era característico de don Sabas –un hombre a la vez alegre, ilustrado, caprichoso y audaz– haber removido el polvo de este estatuto mohoso e inactivo para aumentar el humor del mundo hasta con una sonrisa de sus complacientes colegas.

Con seriedad fingida, el ministro de la Guerra propuso la creación de una armada. Argumentó su necesidad y las glorias que podría alcanzar con un celo tan alegre e ingenioso que la parodia venció con su humor incluso la dignidad morena del propio presidente Losada.

El champán burbujeaba engañosamente en las venas de los estadistas volubles. No era costumbre de los gobernadores de Anchuria animar sus sesiones con una bebida tan apta para arrojar un velo de desprecio sobre los asuntos sobrios. El vino había sido un atento cumplido ofrecido por el agente de la Vesuvius Fruit Company como muestra de las relaciones amistosas, y ciertos acuerdos consumados, entre esa compañía y la República de Anchuria.

La broma fue llevada hasta el final. Se preparó un formidable documento oficial, incrustado con sellos cromáticos y adornado con ondeantes cintas, con las floridas firmas de estado. Esta comisión confirió al señor don Felipe Carrera el título de Almirante de Bandera de la República de Anchuria. Así, en el espacio de unos minutos y el dominio de una docena de "extra secos", el país tomó su lugar entre las potencias navales del mundo, y Felipe Carrera pasó a tener derecho a una salva de diecinueve cañonazos cada vez que entrara a puerto.

Las razas del sur carecen de ese tipo particular de humor que encuentra entretenimiento en los defectos y desgracias que otorga la naturaleza. Debido a este defecto en su constitución, no se emocionan (como sus hermanos del norte) por el espectáculo de los deformes, los débiles mentales o los locos.

Felipe Carrera fue enviado a la tierra con la mitad de su ingenio. Por eso, la gente de Coralio lo llamó "El pobrecito loco", diciendo que Dios había enviado a la tierra sólo la mitad de él, reteniendo la otra mitad.

Felipe, un joven sombrío, ceñudo y que hablaba sólo en contadas ocasiones, estaba negativamente "loco". En tierra, generalmente se negaba a toda conversación. Parecía saber que estaba gravemente impedido en tierra, donde se necesitan tantos tipos de comprensión; pero en el agua su único talento lo igualó a la mayoría de los hombres. Pocos marineros a quienes Dios había hecho cuidadosa y completamente podían manejar un velero tan bien. Cinco puntos más cerca del viento que incluso el mejor de ellos podía navegar en su balandra. Cuando los elementos se enfurecieron y acobardaron a otros hombres, las deficiencias de Felipe parecían de poca importancia. Era un marinero perfecto, aunque un hombre imperfecto. No era dueño de ningún barco, pero trabajaba entre las tripulaciones de las goletas y balandras que surcaban la costa, comerciando y transportando fruta a los barcos de vapor donde no había puerto. Fue por su famosa habilidad y audacia en el mar, así como por la lástima que causaba por sus imperfecciones mentales, que el recaudador lo recomendó como un custodio adecuado de la balandra capturada.

Cuando llegó el desenlace de la pequeña broma de don Sabas en forma del imponente y descabellado encargo, el recaudador sonrió.

No esperaba una respuesta tan rápida y abrumadora a su recomendación. Envió inmediatamente a un muchacho a buscar al futuro almirante.

El recaudador esperó en sus cuartos oficiales. Su oficina estaba en la Calle Grande, y la brisa del mar zumbaba por sus ventanas todo el día. El recaudador, de lino blanco y zapatos de lona, jugueteaba con papeles sobre un escritorio antiguo. Un loro, posado en un organizador de plumas, sazonaba el tedio oficial con un fuego de escogidas maldiciones castellanas. Dos habitaciones se abrían a la del recaudador. En uno, la fuerza clerical de jóvenes de tez abigarrada cumplía con brillo y ostentación sus diversos deberes. A través de la puerta abierta de la otra habitación se podía ver un niño de bronce, sin ropa, que retozaba en el suelo. En una hamaca de hierba, una mujer delgada, teñida de un limón pálido, tocaba una guitarra y se balanceaba contenta con la brisa. Rodeado así por la rutina de sus altos deberes y las muestras visibles de una agradable domesticidad, el corazón del recaudador se alegraba aún más por el poder puesto en sus manos para alegrar la fortuna del "inocente" Felipe.

Llegó Felipe y se paró frente al recaudador. Era un muchacho de veinte años, no de mal aspecto, pero con una expresión desinteresada, distante y meditabunda. Llevaba pantalones de algodón blanco, en cuyas costuras había cosido rayas rojas con algún vago propósito de condecoración militar. Una camisa azul endeble se abría en su garganta; sus pies estaban descalzos; sostenía en su mano el más barato de los sombreros de paja de los Estados Unidos.

"Señor Carrera", dijo gravemente el recaudador, sacando el llamativo encargo, "lo mandé llamar por mandato del presidente. Este documento que le presento le confiere el título de Almirante de esta gran República, y le da el mando absoluto de las fuerzas navales y flota de nuestro país. Usted podrá pensar, amigo Felipe, que no tenemos armada, pero ¡sí! La balandra *Estrella de la Noche*, que mis valientes hombres capturaron de los contrabandistas de la costa, ha de ser puesta bajo su mando. El barco se dedicará a los servicios de su país. Estará listo en todo momento para llevar a los funcionarios del Gobierno a los puntos a lo largo de la costa donde se vean obligados a visitar. También actuará como guardacostas para prevenir, en la medida de sus posibilidades, el delito de contrabando. Mantendrá el honor y el prestigio de su país en el mar y se esforzará por colocar a Anchuria entre las potencias navales más orgullosas del mundo. Estas son sus instrucciones, ya que el ministro de Guerra desea que se las transmita. ¡Por Dios! No sé cómo se hará todo esto, porque ni una sola palabra contenía su carta con respecto a una tripulación o a los gastos de esta armada. Quizá usted mismo proporcione una tripulación, señor almirante, no lo sé, pero es un honor muy alto que ha descendido sobre usted. Ahora le entrego su comisión. Cuando esté listo para embarcar, daré órdenes de que sea puesta a su cargo. Hasta ahí llegan mis instrucciones".

Felipe tomó la comisión que le entregó el recaudador. Contempló un momento el mar a través de la ventana abierta, con su habitual expresión de profunda pero vana reflexión. Luego se volvió sin decir una palabra y se alejó rápidamente por la arena caliente de la calle.

"¡Pobrecito loco!", dijo el recaudador; y el loro chilló "¡Loco, loco, loco!".

A la mañana siguiente, una extraña procesión recorrió las calles hasta la oficina del recaudador. A su cabeza estaba el almirante de la armada. En algún lugar, Felipe había conseguido una lamentable apariencia de uniforme militar: un par de pantalones rojos, una chaqueta corta azul deslucida, muy adornada con trenzas doradas, y un viejo sombrero que debió haber tirado uno de los soldados británicos en Belice y traído por Felipe en uno de sus viajes de cabotaje. Llevaba abrochado a la cintura un antiguo alfanje de navío aportado a su equipo por Pedro Lafitte, el panadero, quien orgullosamente afirmaba su herencia de su antepasado, el ilustre bucanero. Pisándole los talones al almirante se encontraba su tripulación recién embarcada: tres caribes negros, brillantes y sonrientes, desnudos hasta la cintura, la arena brotaba a borbotones por las pisadas de sus pies descalzos.

Felipe exigió brevemente y con dignidad su embarcación al recaudador. Y ahora le esperaba un nuevo honor. La mujer del recaudador, que tocaba la guitarra y leía novelas en la hamaca todo el día, tenía algo más que un romance en su seno plácido y amarillo. Había encontrado en un libro antiguo un grabado de una bandera que pretendía ser la bandera naval de Anchuria. Tal vez así lo habían diseñado los fundadores de la nación; pero, como nunca se había establecido una armada, el olvido se había apoderado de la bandera. Laboriosamente con sus propias manos, había hecho una bandera siguiendo el patrón: una cruz roja sobre un fondo azul y blanco. Se la presentó a Felipe con estas palabras: "Marinero valiente, esta bandera es de tu país. Sé fiel y defiéndela con tu vida. Ve con Dios".

Por primera vez desde su nombramiento, el almirante mostró un atisbo de emoción. Tomó el emblema de seda y pasó la mano con reverencia por su superficie. "Soy el almirante", le dijo a la dama del recaudador. Estando en tierra, no podía permitirse una expresión de sentimiento más exuberante. En el mar, con la bandera en el tope de su armada, podría presentar alguna exposición de sentimientos más elocuentes.

De repente, el almirante partió con su tripulación. Durante los siguientes tres días estuvieron ocupados dándole a la *Estrella del Noche* una nueva capa de pintura blanca adornada con azul. Y luego Felipe se adornó aún más poniendo un puñado de brillantes plumas de loro en su gorra. De nuevo se dirigió con su fiel tripulación a la oficina del recaudador y le notificó formalmente que el nombre de la balandra había sido cambiado a *El Nacional*.

Durante los meses siguientes, la marina tuvo sus problemas. Incluso un almirante está confundido sobre qué hacer sin ninguna orden. No vino ninguna. Tampoco los sueldos. *El Nacional* se meció ociosamente anclado.

Cuando la pequeña reserva de dinero de Felipe se agotó, fue al recaudador y planteó la cuestión de las finanzas.

"¡Salarios!" exclamó el recaudador, con las manos en alto; "¡Válgame Dios! Ni un centavo de mi sueldo he recibido en los últimos siete meses. ¿Preguntas por la paga de un almirante? ¿Quién sabe? ¿Debe ser menos de tres mil pesos? ¡Mira! Verás una revolución en este país muy pronto. Una buena señal de ello es cuando el gobierno pide todo el tiempo pesos, pesos, pesos y no paga nada".

Felipe salió de la oficina del recaudador con una expresión casi de satisfacción en su rostro sombrío. Una revolución significaría luchar, y entonces el gobierno necesitaría sus servicios. Era bastante humillante ser un almirante sin nada que hacer y tener una tripulación hambrienta pisándole los talones pidiendo reales para comprar plátanos y tabaco.

Cuando regresó a donde lo esperaban sus despreocupados caribes, se levantaron de un salto y saludaron, como él les había enseñado a hacer.

"Vengan, muchachos", dijo el almirante; "Parece que el gobierno es pobre. No tiene dinero para darnos. Ganaremos lo que necesitamos para vivir. Así serviremos a nuestro país. Pronto, sus pesados ojos casi se iluminaron, puede que con mucho gusto nos llame en busca de ayuda".

A partir de entonces *El Nacional* salió con los demás costeros y se convirtió en asalariado. Trabajó con las gabarras que transportaban plátanos y naranjas a los bracos fruteros que no podían acercarse a menos de una milla de la costa. Seguramente una armada autosuficiente merece letras rojas en el presupuesto de cualquier nación.

Después de ganar lo suficiente en el transporte de mercancías para mantenerse a él y a su tripulación con provisiones durante una semana, Felipe anclaba el navío y se paseaba por la pequeña oficina de telégrafos, pareciendo uno del coro de una compañía de ópera cómica insolvente que asediaba la guarida del director. La esperanza de recibir órdenes de la capital siempre estuvo en su corazón. Que sus servicios como almirante nunca hubieran sido requeridos hirió su orgullo y patriotismo. En cada llamada preguntaba, grave y expectante, por despachos. El operador simularía hacer una búsqueda y luego respondería:

"Aún no, me temo, señor Almirante, ¡pronto!".

Afuera, a la sombra de los tilos, la tripulación masticaba caña de azúcar o dormitaba, muy contenta de servir a un país que se contentaba con tan poco servicio.

Un día, a principios del verano, la revolución predicha por el recaudador estalló de repente. Llevaba mucho tiempo cocinándose. A la primera nota de alarma, el almirante de la fuerza naval y la flota zarpó hacia un puerto más grande en la costa de una república vecina, donde intercambió un cargamento de fruta recolectado apresuradamente por su valor en cartuchos para los cinco rifles Martini, las únicas armas de las que la marina podía presumir. Luego fue a la oficina de telégrafos. Tumbado en su rincón favorito, con su uniforme en rápida decadencia, con su prodigioso sable repartido entre sus piernas rojas, esperó las órdenes largamente demoradas, pero ahora pronto esperadas.

"Aún no, señor almirante", el empleado del telégrafo le decía, "¡pronto!".

A la respuesta, el almirante se dejaba caer bruscamente para esperar el infrecuente tictac del pequeño instrumento sobre la mesa.

"Ya vendrán", era su respuesta inquebrantable; "Yo soy el almirante".

IX: LA BANDERA SUPREMA

A la cabeza del partido insurgente apareció aquel Héctor y el sabio tebano de las repúblicas del sur, don Sabas Plácido. Viajero, soldado, poeta, científico, estadista y conocedor: lo maravilloso era que pudiera contentarse con la vida mezquina y remota de su país natal.

"Es un capricho de Plácido", dijo un amigo que lo conocía bien, "dedicarse a la intriga política. No es sino como si hubiera encontrado un nuevo ritmo en la música, un nuevo bacilo en el aire, un nuevo olor, o rima, o explosivo. Exprimirá esta revolución de sensaciones, y una semana después la olvidará, surcando los mares del mundo en su bergantín para añadir a sus ya mundialmente famosas colecciones. ¿Colecciones de qué? ¡Por Dios! De todo, desde sellos postales hasta ídolos de piedra prehistóricos".

Pero, para un mero diletante, el estético Plácido parecía estar creando una animada discusión. La gente lo admiraba; estaban fascinados por su brillantez y halagados por su interés en algo tan pequeño como su país natal. Se unieron al llamado de sus lugartenientes en la capital, donde (algo en contra de lo dispuesto) el ejército se mantuvo fiel al gobierno. También hubo escaramuzas en los pueblos de la costa. Se rumoreaba que la revolución contó con la ayuda de la Vesuvius Fruit Company, el poder que siempre se mantuvo con una sonrisa de reproche y un dedo levantado para mantener a Anchuria en la clase de los niños buenos. Se sabe que dos de sus barcos, el *Traveler* y el *Salvador*, transportaron tropas insurgentes de un punto a otro a lo largo de la costa.

Hasta el momento no había habido ningún levantamiento real en Coralio. Prevaleció la ley marcial, y el fermento fue embotellado por el momento. Y luego vino la noticia de que en todas partes los revolucionarios estaban encontrando la derrota. En la capital triunfaron las fuerzas del presidente; y corría el rumor de que los líderes de la revuelta se habían visto obligados a huir perseguidos fuertemente.

En la pequeña oficina de telégrafos de Coralio siempre había una reunión de funcionarios y ciudadanos leales, esperando noticias de la sede del gobierno. Una mañana la tecla del telégrafo comenzó a hacer clic, y al poco tiempo el operador gritó en voz alta: "¡Un telegrama para el almirante, Don Señor Felipe Carrera!".

Hubo un sonido de arrastre, un gran traqueteo de una espada de hojalata, y el almirante, listo en su lugar de espera, saltó al otro lado de la habitación para recibirlo.

Se le entregó el mensaje. Lentamente deletreándolo, descubrió que era su primera orden oficial, decía así:

> Proceda inmediatamente con su embarcación a la desembocadura del Río Ruiz; transporte de carne y provisiones al cuartel de Alforan.

> Martínez, General.

Pequeña gloria, eso sí, en esta primera convocatoria de su país. Pero había llamado, y la alegría surgió en el pecho del almirante. Se metió el alfanje en otro agujero de la hebilla, despertó a su tripulación y en un cuarto de hora *El Nacional* viraba rápidamente costa abajo con una fuerte brisa terrestre.

El Río Ruiz es un río pequeño que desemboca en el mar diez millas por debajo de Coralio. Esa porción de la costa es salvaje y solitaria. A través de un desfiladero en las Cordilleras se precipita el Río Ruiz, frío y burbujeante, para deslizarse, al fin, con amplitud y ociosidad, a través de un pantano aluvial hacia el mar.

En dos horas *El Nacional* entró en la desembocadura del río. Las orillas estaban llenas de una disposición de árboles formidables. La suntuosa maleza de los trópicos inundaba la tierra y se ahogaba en las aguas baldías. Silenciosamente, la balandra entró allí y se encontró con un silencio más profundo. Brillante con verdes, ocres y escarlatas florales, la umbría desembocadura del Río Ruiz no producía ningún sonido ni movimiento salvo el del agua del mar al ronronear contra la proa del barco. Parecía poco probable recolectar carne o provisiones de esa soledad vacía.

El almirante decidió echar el ancla y, al traqueteo de la cadena, el bosque se estimuló en un estruendo instantáneo y resonante. La desembocadura del Río Ruiz sólo había estado durmiendo la siesta matutina. Los loros y los babuinos chillaban y gritaban en los árboles;

un zumbido, un silbido y un estruendo marcaron el despertar de la vida animal; un bulto azul oscuro fue visible por un instante, mientras un tapir asustado se abría paso entre las enredaderas.

La armada, bajo órdenes, permaneció en la desembocadura del pequeño río durante horas. La tripulación sirvió la cena con sopa de aleta de tiburón, plátanos, gumbo de cangrejo y vino agrio. El almirante, con un telescopio de tres pies, escudriñó de cerca el follaje impermeable a cincuenta yardas de distancia.

Era casi el atardecer cuando un reverberante "¡ho-la-a-a!" vino del bosque a su izquierda. Fue respondido; y tres hombres, montados en mulas, se abrieron paso a través de la maraña tropical hasta una docena de yardas de la orilla del río. Allí desmontaron; y uno, desabrochándose el cinturón, golpeó violentamente a cada mulo con la vaina de su espada, de modo que, con un golpe de talón, se lanzaron de nuevo al bosque.

Eran hombres de aspecto extraño para transportar carne y provisiones. Uno era un hombre corpulento y extremadamente activo, de presencia llamativa. Era del más puro tipo español, con cabello oscuro rizado y salpicado de canas, ojos azules y chispeantes, y el aire pronunciado de un caballero grande. Los otros dos eran hombres pequeños, de rostro moreno, que vestían uniformes militares blancos, botas altas de montar y espadas. La ropa de todos estaba empapada, salpicada y rasgada por la espesura. Algún estrés de las circunstancias debe haberlos empujado, *diable à quatre*, a través de la inundación, el lodo y la jungla.

"¡Oiga! ¡Señor almirante!", llamó el hombre grande. "Mándenos su bote".

Se bajó el dory, y Felipe, con uno de los caribes, remó hacia la margen izquierda.

El hombre corpulento estaba cerca de la orilla del agua, con las enredaderas rizadas hasta la cintura. Mientras contemplaba la figura del espantapájaros en la popa del bote, un vivo interés brilló en su móvil rostro.

Meses de servicio sin salario ni agradecimiento habían empañado el esplendor del almirante. Sus pantalones rojos estaban remendados y andrajosos. La mayor parte de los botones brillantes y la trenza amarilla habían desaparecido de su chaqueta. La visera de su gorra estaba rota y colgaba casi hasta los ojos. Los pies del almirante estaban descalzos.

"Querido almirante", exclamó el gran hombre, y su voz era como el estallido de un cuerno, "le beso las manos. Sabía que podíamos contar con su fidelidad. Recibió nuestro mensaje del general Martínez. Acerque un poco más su bote, querido almirante. Aquí estamos parados con la más mínima seguridad".

Felipe lo miró con un rostro imperturbable.

"Provisiones y carne al cuartel de Alforan", citó él.

"No es culpa de los carniceros, almirante mío, que la carne no lo espere. Pero ha llegado a tiempo para salvar al ganado. Súbanos a bordo de su embarcación, señor, de inmediato. Ustedes primero, caballeros, ¡de prisa! Regrese por mí. El bote es demasiado pequeño".

El dory llevó a los dos oficiales a la balandra y volvió por el hombre grande.

"¿Tiene algo de comida, buen almirante?", dijo cuando estaba a bordo. "¿Y, tal vez, café? ¡Carne y provisiones! ¡Nombre de Dios! Un poco más y nos hubiéramos comido una de esas mulas que usted, coronel Rafael, saludó con tanto sentimiento con la vaina de su espada al partir. Comamos; y luego navegaremos hacia el cuartel de Alforan, ¿de acuerdo?".

Los caribes prepararon una comida, a la que se entregaron con famélico regocijo los tres pasajeros de *El Nacional*. Hacia la puesta del sol, como era su costumbre, la brisa giró y regresó de las montañas, fresca y constante, trayendo el sabor de las lagunas estancadas y los manglares que surcaban las tierras bajas. La vela mayor de la balandra fue izada e hinchada hacia ella, y en ese momento se oyeron gritos y un clamor creciente desde las profundidades boscosas de la orilla.

"Los carniceros, mi querido almirante", dijo el hombre corpulento, sonriendo, "demasiado tarde para la matanza".

Más allá de sus órdenes a su tripulación, el almirante no decía nada. Se desplegaron la gavia y el foque, y la balandra se deslizó fuera del estuario. El hombre corpulento y sus acompañantes se habían proporcionado toda la comodidad que podían en la cubierta. Probablemente, lo más importante en sus mentes había sido su partida de esa orilla crítica; y ahora que el peligro se había reducido tanto, sus pensamientos se lanzaron a la consideración de una mayor liberación. Pero cuando vieron que la balandra viraba y volvía a remontar la costa, se relajaron, satisfechos del rumbo que había tomado el almirante.

El hombre corpulento se sentó cómodamente, su ojo azul enérgico se dedicó a la contemplación del comandante de la armada. Estaba tratando de estimar a este muchacho sombrío y fantástico, cuya impenetrable estolidez lo desconcertaba. Siendo él un fugitivo, su vida buscada e irritado bajo el dolor de la derrota y el fracaso, era característico de él transferir instantáneamente su interés al estudio de algo nuevo. También era propio de él haber concebido y arriesgado todo en este último plan desesperado y descabellado: este mensaje para un pobre fanático enloquecido que andaba de un lado a otro con su grotesco uniforme y su ridículo título. Pero sus compañeros habían estado desesperados; escapar había parecido increíble; y ahora estaba complacido con el éxito del plan que habían llamado descabellado y precario.

El breve crepúsculo tropical pareció deslizarse rápidamente hacia el esplendor nacarado de una noche iluminada por la luna. Y ahora aparecieron las luces de Coralio, distribuidas contra la orilla oscurecida a su derecha. El almirante estaba de pie, en silencio, al timón; los caribes, como panteras negras, sujetaban las escotas, saltando silenciosamente a sus breves órdenes. Los tres pasajeros miraban atentamente el mar ante ellos, y cuando por fin avistaron el grueso de un barco que se encontraba a una milla de la ciudad, con sus luces brillando profundamente en el agua, sostuvieron una repentina conversación voluble y cerrada. La balandra navegaba a toda velocidad como si fuera a estrellarse a mitad del camino entre el barco y la costa.

El gran hombre se separó repentinamente de sus compañeros y se acercó al espantapájaros que estaba al timón.

"Mi querido almirante", dijo, "el gobierno ha sido extremadamente negligente. Siento toda la vergüenza por él que sólo su ignorancia de vuestro devoto servicio le ha impedido sostenerse. Se ha cometido un descuido imperdonable. Se le proporcionará un barco, un uniforme y una tripulación digna de su fidelidad. Pero justo ahora, querido almirante, hay asuntos importantes en marcha. El barco que está allí es el *Salvador*. Mis amigos y yo deseamos ser trasladados a él, donde se nos envía por asuntos del Gobierno. Háganos el favor de cambiar el curso conforme a esto".

Sin responder, el almirante dio una orden brusca y puso el timón a babor. *El Nacional* se desvió y se dirigió derecho como una flecha hacia la orilla.

"Hágame el favor", dijo el hombre grande, un poco inquieto, "de reconocer, al menos, que capta el sonido de mis palabras". Era posible que al tipo le faltaran tanto los sentidos como el intelecto.

El almirante emitió una carcajada ronca y áspera, y habló.

"Le pondrán", dijo, "con su cara contra una pared y le matarán a tiros. Así es como matan a los traidores. Lo conocí cuando entró en mi bote. He visto su foto en un libro. Es Sabas Placido, traidor a su patria. Con la cara contra una pared, así morirá. Soy el almirante y le llevaré con ellos. Con la cara contra una pared. Sí".

Don Sabas se volvió a medias y agitó la mano, con una risa resonante, hacia sus compañeros fugitivos. "A ustedes, caballeros, les he relatado la historia de aquella sesión cuando emitimos esa comisión tan ridícula. En verdad nuestra broma se ha vuelto contra nosotros. ¡Contemplen el monstruo de Frankenstein que hemos creado!".

Don Sabas miró hacia la orilla. Las luces de Coralio se acercaban. Podía ver la playa, el almacén de la Bodega Nacional, el cuartel largo y bajo ocupado por los soldados y, detrás, reluciendo a la luz de la luna, un tramo de alto muro de adobe. Había visto a hombres parados de cara a esa pared y asesinados a tiros".

De nuevo se dirigió a la figura extravagante que estaba al timón.

"Es cierto", dijo, "que estoy huyendo del país. Pero, reciba la seguridad de que eso me importa muy poco. Tribunales y campamentos por doquier están abiertos a Sabas Plácido. ¡Vaya! ¿Qué es este grano de arena de una república, esta cabeza de cerdo de un país, para un hombre como yo? Soy paisano de todas partes. En Roma, en Londres, en París, en Viena, los oirá decir: "Bienvenido de nuevo, don Sabas". Pónganos a bordo del *Salvador*, y aquí está su paga, quinientos pesos en dinero de los Estados Unidos, más de lo que su gobierno mentiroso le pagará en veinte años".

Don Sabas presionó una bolsa llena contra la mano del joven. El almirante no prestó atención a las palabras ni al movimiento. Apoyado contra el timón, mantenía la balandra en su curso hacia la costa. Su rostro apagado se iluminó casi hasta la inteligencia por algún engreimiento interno que parecía proporcionarle alegría, y pronunció palabras en otro cacareo como de loro.

"Por eso lo hacen", dijo él, "para que no vea las armas. Disparan ¡boom!, y caerá muerto. Con su cara a la pared. Sí".

El almirante dio una orden repentina a su tripulación. Los ágiles y silenciosos caribes amarraron las escotas que sostenían y se deslizaron por la escotilla hasta la bodega de la balandra. Cuando el último hubo desaparecido, don Sabas, como un gran leopardo marrón, saltó hacia adelante, cerró y aseguró la escotilla y se quedó de pie, sonriendo.

"Sin rifles, por favor, querido almirante", dijo. "Una vez fue un capricho mío hacer un diccionario de la lengua caribe. Entonces, entendí su orden. Tal vez ahora usted..."

Acortó sus palabras, porque escuchó el sordo "susurro" del hierro raspando la hojalata. El almirante había desenvainado el alfanje de Pedro Lafitte y se lanzaba sobre él. La hoja descendió, y fue solo por una exhibición de sorprendente agilidad que el hombre grande escapó al arma resplandeciente, con solo un hombro magullado. Estaba sacando su pistola cuando saltó, y al instante siguiente disparó al almirante.

Don Sabas se inclinó sobre él, y se levantó de nuevo.

"En el corazón", dijo brevemente. "Señores, la armada queda abolida".

El coronel Rafael saltó al timón y el otro oficial se apresuró a desatar las escotas de la vela mayor. La botavara giró; *El Nacional* comenzó a virar laboriosamente hacia el *Salvador*.

"Baje esa bandera, señor", llamó el coronel Rafael. "Nuestros amigos en el barco se preguntarán por qué navegamos bajo ella".

"Buena idea", exclamo don Sabas. Avanzando hacia el mástil, bajó la bandera a la cubierta, donde yacía su demasiado leal partidario. Así terminó la bromita del ministro de la Guerra, y por la misma mano que la empezó".

De repente don Sabas dio un gran grito de alegría y corrió por la cubierta inclinada al lado del coronel Rafael. En el brazo portaba la bandera de la armada extinguida.

"¡Mire, mire! Señor. ¡Ay, Dios! Ya puedo escuchar a ese gran oso de Oestreicher gritar: '¡Du hast mein herz gebrochen!' ¡Mire! De mi amigo Herr Grunitz, de Viena, me ha oído hablar. Ese hombre ha viajado a Ceilán por una orquídea, a la Patagonia por un tocado, a Benarés por una zapatilla, a Mozambique por una punta de lanza para agregar a sus famosas colecciones. Usted también sabe, amigo Rafael, que he sido un coleccionista de curiosidades. Mi colección de banderas de batalla de las armadas del mundo era la más completa que existía hasta el año pasado. Entonces Herr Grunitz obtuvo dos, ¡Oh! especímenes tan raros. Uno de un estado de Berbería y uno de los Makarooroos, una tribu en la costa oeste de África. No las tengo, pero se pueden conseguir. Pero esta bandera, señor, ¿sabe usted lo que es? ¡En nombre de Dios! ¿Sabe? ¡Mire esa cruz roja sobre el fondo azul y blanco! ¿Nunca lo vio antes? Seguramente no. Es la bandera naval de su país. ¡Mire! Esta tina podrida sobre la que estamos es su armada, esa cacatúa muerta que yacía allí era su comandante, ese golpe de alfanje y una sola pistola dispararon una batalla naval. Toda una tontería absurda, lo admito, pero auténtica. Nunca ha habido otra bandera como esta, y nunca habrá otra. No. Es única en todo el mundo. Sí. ¡Piensa en lo que eso significa para un coleccionista de banderas! ¿Sabe, coronel mío, cuántas coronas de oro daría el señor Grunitz por esta bandera? Diez mil, probablemente. Bueno, cien mil no lo comprarían. ¡Hermosa bandera! ¡Única bandera! ¡Pequeño diablo de una bandera nacida del cielo! Viejo gruñón más allá del océano. Espere a que Don Sabas vuelva a la Königin Strasse. Él le permitirá arrodillarse y tocar los pliegues con un dedo. ¡El viejo saqueador del mundo con anteojos!".

Olvidada quedó la revolución impotente, el peligro, la pérdida, la hiel de la derrota. Poseído únicamente por la pasión desmesurada e inigualable del coleccionista, paseaba arriba y abajo por la pequeña cubierta, apretando contra su pecho con una mano el modelo de una bandera. Chasqueó los dedos triunfalmente hacia el este. Gritó el himno a su premio con tonos de trompeta, como si fuera a hacer oír al viejo Grunitz en su mohosa guarida más allá del mar.

Estaban esperando, en el Salvador, para darles la bienvenida. La balandra se acercó al lado del barco donde sus costados se acercaron casi hasta la cubierta inferior para la carga de fruta. Los marineros del *Salvador* la agarraron y la sujetaron allí.

El capitán McLeod se inclinó por un lado.

"Bueno, señor, se acabó el alboroto, según me han dicho".

"¿El alboroto?", don Sabas parecía perplejo por un momento. "Ah, sí, aquella revolución". Con un encogimiento de hombros descartó el asunto.

El capitán se enteró de la fuga y de la tripulación encerrada.

"¿Caribes?", dijo él, no hay maldad en ellos. Se deslizó dentro de la balandra y soltó de una patada el pestillo de la escotilla. Los tipos negros se levantaron dando tumbos, sudando pero sonriendo.

"¡Ey! ¡Amigos negros!" dijo el capitán, en un dialecto propio. "Ya saben, agarrar bote y vamos de regreso al mismo lugar rápido".

Lo vieron señalarlos, a la balandra y a Coralio. "¡Ya, ya!" gritaron, con sonrisas más amplias y muchos asentimientos.

Los cuatro, don Sabas, los dos oficiales y el capitán. se movieron para abandonar la balandra. Don Sabas se quedó un poco rezagado, mirando la forma inmóvil del difunto almirante, desparramado en sus míseros atavíos.

"Pobrecito loco", dijo suavemente.

Era un cosmopolita brillante y un erudito de alto rango; pero, después de todo, era de la misma raza, sangre e instinto que este pueblo. Así como lo habían dicho los simples paisanos de Coralio, así lo dijo don Sabas. Sin una sonrisa, miró y dijo: "¡Pobrecito loco!".

Inclinándose levantó los hombros del almirante, pasó por debajo de él y sobre el pecho la inestimable e inigualable bandera, clavándola allí con la estrella de diamantes de la Orden de San Carlos que sacó del cuello de su propio abrigo.

Siguió a los demás y se paró con ellos en la cubierta del *Salvador*. Los marineros que estabilizaban a *El Nacional* la empujaron. Los caribes tiraron de las cuerdas; la balandra se dirigió a la orilla.

Así la colección de Herr Grunitz de banderas navales siguió siendo la mejor del mundo.

X: EL TRÉBOL Y LA PALMA

Una noche en que no soplaba brisa y Coralio parecía más cerca que nunca de las rejas de Avernos, cinco hombres se agruparon en torno a la puerta del establecimiento fotográfico de Keogh y Clancy. Así, en todos los lugares calurosos y exóticos de la tierra, los caucásicos se reúnen cuando se realiza el trabajo del día para preservar la plenitud de su herencia mediante la aspersión de cosas extranjeras.

Johnny Atwood yacía tendido sobre la hierba con el uniforme desabrochado de un caribe, y parloteaba débilmente sobre el agua fresca que había en las bombas de madera de pepino de Dalesburg. Al Dr. Gregg, a través del prestigio de sus bigotes y como soborno contra la relación de sus inminentes historias profesionales, se le concedió la hamaca que se mecía entre la jamba de la puerta y un árbol de calabaza. Keogh había colocado sobre la hierba una mesita que sostenía el instrumento para pulir fotografías terminadas. Era el único ocupado del grupo. Laboriosamente, de entre los cilindros de la pulidora rodaron las representaciones terminadas de los ciudadanos de Coralio. Blanchard, el ingeniero de minas francés, envuelto en ropa fresca, contemplaba el humo de su cigarrillo a través de sus tranquilas gafas, impermeables al calor. Clancy estaba sentado en los escalones, fumando su pipa corta. Su ánimo era el de los chismosos; los demás quedaron reducidos, por la humedad, al estado de invalidez deseable en un público.

Clancy era un estadounidense con diátesis irlandesa y tendencias cosmopolitas. Muchas empresas lo buscaban, pero no por mucho tiempo. La sangre de un caballo estaba en sus venas. La voz del ferrotipo no era más que una de las muchas llamadas que lo habían cortejado en tantos caminos. A veces se le podía persuadir de la construcción oral de sus viajes a lo informal y atroz. Esta noche hubo síntomas de divulgación en él.

"Hace buen tiempo para el filibusterismo", ofreciéndose como voluntario. "Me recuerda la vez que luché para liberar a una nación del aliento venenoso de las garras de un tirano. Fue un trabajo duro. Se tensa la espalda y hace callos en las manos".

"No sabía que alguna vez le habías prestado tu espada a un pueblo oprimido", murmuró Atwood desde la hierba.

"Lo hice", dijo Clancy; "y la convirtieron en una reja de arado".

"¿Qué país tuvo la suerte de tener tu ayuda?", preguntó airadamente Blanchard.

"¿Dónde está Kamchatka?", preguntó Clancy, con aparente irrelevancia.

"Pues, frente a Siberia, en algún lugar de las regiones árticas", respondió alguien, dudoso.

"Pensé que era el frío", dijo Clancy, con un asentimiento de satisfacción. "Siempre mezclo los dos nombres. Era Guatemala, entonces, la caliente, en la que he estado de filibustero. Encontrarás ese país en el mapa. Está en el distrito conocido como los trópicos. Por la previsión de la Providencia, se encuentra en la costa para que el hombre de la geografía pueda correr los nombres de los pueblos en el agua. Son de una pulgada de largo, tipo pequeño, compuestos de dialectos españoles y, en mi opinión, del mismo sistema de sintaxis que hizo estallar el *Maine*. Sí, era ese país contra el que navegué, solo, y me esforcé por liberarlo de un gobierno tiránico con una escopeta de un solo cañón, descargada ahí. No lo entiendes, por supuesto. Es una declaración que exige aclaraciones y disculpas".

"Fue en Nueva Orleans una mañana alrededor del primero de junio; estaba parado en el muelle, mirando los barcos en el río. Había un pequeño barco amarrado justo enfrente de mí que parecía estar listo para zarpar. Las chimeneas echaban humo, y una cuadrilla de trabajadores llevaba a bordo una pila de cajas que estaban apiladas en el muelle. Las cajas tenían aproximadamente dos pies cuadrados y algo así como cuatro pies de largo, y parecían ser bastante pesadas".

"Me acerqué, sin cuidado, a la pila de cajas. Vi que una de ellas se había roto con la manipulación. La curiosidad me hizo levantar la parte superior suelta y mirar dentro. La caja estaba repleta de rifles Winchester. 'Vaya, vaya', me digo a mí mismo; 'alguien le está dando un giro a las leyes de neutralidad. Alguien está ayudando con municiones de guerra. Me pregunto adónde van las pistolas'".

"Escuché a alguien toser y me di la vuelta. Allí estaba un hombre pequeño, redondo, gordo, de cara morena y ropa blanca, un hombrecito de aspecto de primera clase, con un diamante de cuatro quilates en el dedo y la mirada llena de interrogantes y respetos. Juzgué que era una especie de extranjero, tal vez de Rusia, Japón o los archipiélagos".

"'¡Pst!', dice el hombre redondo, lleno de ocultamientos y confidencias. '¿Respetará el señor los descubrimientos que ha hecho, para que no se enteren los de la nave? El señor será un caballero que no expondrá cosa alguna que acontezca por accidente'".

"'Monsieur', le dije, porque me parecía un poco francés, 'reciba mis más exasperadas garantías de que su secreto está a salvo con James Clancy. Además, iré tan lejos como para comentar: Viva la libertad, viva bien y fuerte. Siempre que se entere de que un Clancy está obstruyendo la abolición de los gobiernos existentes, puede notificarme a vuelta de correo'".

"'El señor es bueno', dice el hombre gordo y moreno, sonriendo bajo su bigote negro. "Deseo que suba a bordo de mi barco y beba una copa de vino".

"Siendo un Clancy, en dos minutos el extranjero y yo estábamos sentados en una mesa en la cabina del barco, con una botella entre nosotros. Podía escuchar las pesadas cajas siendo arrojadas a la bodega. Discerní que la carga debe consistir en al menos 2,000 Winchester. El hombre moreno y yo bebimos la botella, y él llamó al mayordomo para que trajera otra. Cuando fusionas un Clancy con el contenido de una botella, prácticamente provocas la secesión. Había oído hablar mucho de estas revoluciones en las localidades tropicales y comencé a querer participar en ellas".

"'Usted va a alterar las cosas en su país, ¿no es así, monsieur?', le digo, con un guiño para hacerle saber que estaba de acuerdo".

"'Sí, sí', dijo el hombrecito, golpeando con el puño la mesa. 'Ocurrirá un cambio de lo más grande. La gente ha estado demasiado tiempo oprimida con las promesas y las cosas que nunca sucederán. La gran obra será continuar. Sí. Nuestras fuerzas atacarán la ciudad capital lo antes posible. ¡Caramba!'".

"'Caramba es la palabra', digo, comenzando a investirme de entusiasmo y más vino, 'también viva, como dije antes. Que el trébol de antaño, me refiero a la vid de plátano o la planta de pastel, o cualquiera que sea el emblema imperial de su oprimido país, ondee para siempre'".

"'Mil gracias', dice el hombre redondo, 'por su emisión de amables expresiones. Lo que más necesita nuestra causa son hombres que hagan el trabajo, para impulsarlo. ¡Oh, que mil hombres buenos y fuertes ayuden al general de Vega para que lleve a su país aquellos éxitos y glorias! Es difícil, oh, tan difícil encontrar buenos hombres que ayuden en el trabajo'".

"'Monsieur', le digo, inclinándome sobre la mesa y tomándole la mano, 'no sé dónde está su país, pero mi corazón sangra por él. El corazón de un Clancy nunca fue sordo a la vista de un pueblo oprimido. La familia es filibustera por nacimiento y extranjera por oficio. Si puede usar las armas de James Clancy y su sangre para despojar a las costas del yugo del tirano, están bajo sus órdenes'".

"El General de Vega se llenó de alegría al confiscar mi pésame por sus conspiraciones y predicamentos. Intentó abrazarme por encima de la mesa, pero su gordura y el vino que había en las botellas se lo impidieron. Así fui recibido en las filas del filibustero. Entonces el general me dijo que su país tenía el nombre de Guatemala, y era la nación más grande bañada por cualquier océano en cualquier lugar. Me miraba con lágrimas en los ojos, y de vez en cuando me decía: '¡Ah! ¡hombres grandes, fuertes y valientes! Eso es lo que mi país necesita'".

"El General de Vega, como era el nombre con el que se presentó, sacó un documento para que yo lo firmara, lo cual hice, haciendo una fina floritura y rizo con la cola de la 'y'".

"'El dinero de su pasaje', dice el general, como un hombre de negocios, 'se deducirá de su salario'.

"'No lo aceptaré', digo yo, altivo. 'Yo mismo pagaré mi pasaje'. Tenía ciento ochenta dólares en el bolsillo, y no iba a ser un filibustero común, tomando para mí comida y ropa".

"El barco debía zarpar en dos horas, y bajé a tierra para reunir algunas cosas que necesitaría. Cuando subí a bordo le mostré al general con orgullo el atuendo. Era un fino abrigo de chinchilla, chanclos árticos, gorro de piel y orejeras, con elegantes guantes forrados de lana y bufanda de lana".

"¡Caramba!, dice el pequeño general. '¿Qué ropa es esta para ir al trópico?'. Y luego el pequeño trabajador se ríe y llama al capitán, y el capitán llama al sobrecargo, y llaman al jefe de máquinas, y todo el grupo se apoya contra la cabina y se ríe del vestuario de Clancy para Guatemala".

"Reflexiono un poco, serio, y le pido nuevamente al general que me diga de nuevo como se llama su país. Me dice, y veo entonces que era el otro, Kamchatka, que tenía en mente. Desde entonces he tenido dificultad en separar las dos naciones en nombre, clima y disposición geográfica".

"Pagué mi pasaje –veinticuatro dólares, primera cabina– y comí en la mesa con la multitud de oficiales. Abajo, en la cubierta inferior, había un grupo de pasajeros de segunda clase, unos cuarenta, que parecían ser dags[1] y similares. Me pregunté a qué iban tantos de ellos".

"Pues entonces, en tres días navegamos junto a esa Guatemala. Era un país azul, y no amarillo como está mal coloreado en el mapa. Aterrizamos en un pueblo de la costa, donde un tren de vagones nos esperaba en un pequeño y destartalado ferrocarril. Las cajas del barco fueron llevadas a tierra y cargadas en los vagones. La pandilla de dagos también subió a bordo, el general y yo en el vagón delantero. Sí, el general de Vega y yo encabezamos la revolución, cuando salió de la ciudad portuaria. Ese tren viajó tan rápido como un policía que se dirige a un motín. Penetró en el lote más conspicuo de paisaje borroso jamás visto fuera de una geografía. Recorrimos unas cuarenta millas en siete horas y el tren se detuvo. Ya no había ferrocarril. Era una especie de campamento en un desfiladero húmedo lleno de salvajismo y melancolía. Estaban nivelando y cortando los bosques por delante para continuar el camino. 'Aquí', me digo a mí mismo, 'es el refugio romántico de los revolucionarios. Aquí Clancy, por la virtud que se encuentra en una raza superior y la inculcación de tácticas fenianas, asestará un tremendo golpe por la libertad'".

"Descargaron las cajas del tren y comenzaron a quitar las tapas. Desde la primera que se abrió vi al general de Vega tomar los rifles Winchester y pasárselos a una escuadra de soldados morbosos. Las otras cajas se abrieron a continuación y, créanme o no, no se vio otra arma. Todas las demás cajas del cargamento estaban llenas de picos y palas".

---

[1] Término despectivo para referirse a italianos, españoles, portugueses o sudamericanos.

"Y luego, malditos sean los trópicos, el orgulloso Clancy y los deshonrados dagos, cada uno de ellos, tuvo que cargar con un pico o una pala, y partir para trabajar en ese pequeño y sucio ferrocarril. Sí; Fue por lo que embarcaron los dagos, y fue por lo que firmó el filibustero Clancy, aunque sin saberlo él mismo en ese momento. En días posteriores me enteré de ello. Parece que fue difícil poner manos a la obra en ese camino. Los nativos inteligentes del país eran demasiado perezosos para trabajar. De hecho, los santos saben que era innecesario. Extendiendo una mano, podían apoderarse de los frutos más delicados y costosos de la tierra, y, extendiendo la otra, podían dormir días enteros sin oír el silbato de las siete ni los pasos del caballero en las escaleras. Así, regularmente, los barcos viajaban a los Estados Unidos para traer mano de obra. Por lo general, los trabajadores importados morían en dos o tres meses por tomar el agua podrida y respirar el violento paisaje tropical. Por lo que les hicieron firmar contratos por un año, cuando los contrataron, y pusieron una guardia armada sobre los pobres diablos para evitar que se escaparan".

"Así fue como fui traicionado por los trópicos por la familiar costumbre de buscar disturbios".

"Me dieron un pico, y lo tomé, meditando en una insurrección en el acto; pero los guardias trataron con descuido a los Winchester, y llegué a la conclusión de que la discreción era la mejor parte del filibusterismo. Había alrededor de cien de nosotros en el grupo que comenzaba a trabajar, y se dio la orden de moverse. Salgo de las filas y me acerco a ese general de Vega, que estaba fumando un cigarro y contemplando la escena con satisfacción y gloria. Me sonríe educado y diabólico. 'Mucho trabajo', dice, 'para hombres grandes y fuertes en Guatemala. Sí. Treinta dólares al mes. Buena paga. Ah, sí. Usted es un hombre fuerte y valiente. Poco a poco empujamos rápidamente esos ferrocarriles en la capital. Quieren que siga trabajando ahora. Adiós, hombres fuertes'".

"'Monsieur', le dije, tardándome, '¿quiere decirle esto a un pobre irlandés? Cuando puse un pie en su barco sucio y respiré sentimientos liberales y revolucionarios en su vino agrio, ¿pensaba usted que estaba conspirando para blandir un pico en su despreciable ferrocarril? Y cuando me respondió con recitaciones patrióticas, exaltando la causa de la libertad salpicada de estrellas, ¿pensó en reducirme a las filas de los dagos en las cuadrillas de cadenas de su vil y servil país?'".

"El general amplió su rotundidad y se rio considerablemente. Sí, se rio muy largo y fuerte, y yo, Clancy, me quedé de pie y esperé".

"'¡Hombres cómicos!', dijo al fin. Me matará de la risa. Sí; es difícil encontrar hombres valientes y fuertes para ayudar a mi país. ¿Revoluciones? ¿Hablé de r-r-revoluciones? Ni una palabra. Digo, se necesitan hombres grandes y fuertes en Guatemala. Entonces, el error es suyo. Ha buscado en esa caja que contiene esas armas para el guardia. ¿Creyó que todas las cajas tenían armas? No".

"'No hay guerra en Guatemala. Pero, ¿trabajo? Sí. Bien. Treinta dólares al mes. Un pico al hombro, señor, y cavará por la libertad y prosperidad de Guatemala. De vuelta al trabajo. El guardia lo espera'".

"'Pequeño, gordo, perro caniche de hombre moreno', digo yo, en silencio, pero lleno de indignaciones e incomodidades; 'lee pasarán cosas. Tal vez no de inmediato, pero tan pronto como J. Clancy pueda planear algo en forma de réplica'".

"El jefe del grupo nos ordena que trabajemos. Me voy con los dagos y oigo al distinguido patriota y secuestrador riéndose a carcajadas a medida que avanzamos".

"Es un hecho lamentable, durante ocho semanas construí ferrocarriles para ese país mal portado. Trabajaba doce horas al día con un pico pesado y una pala, cortando el paisaje lujoso que crecía en el camino. Trabajábamos en pantanos que olían como si hubiera una fuga en las tuberías de gas, pisoteando una excelente variedad de plantas y vegetales de invernadero. La escena era tropical más allá de la imaginación más salvaje del hombre de la geografía. Los árboles eran todos altos; la maleza estaba llena de agujas y alfileres; había monos saltando y cocodrilos y sinsontes de cola rosada, y te paras hasta las rodillas en el agua podrida arrancando raíces para la liberación de Guatemala. Por las noches construíamos fuegos en el campamento para disuadir a los mosquitos y nos sentábamos junto al humo, con los guardias dando vueltas a nuestro alrededor. Había doscientos hombres trabajando en el camino, en su mayoría dagos, negros, españoles y suecos. Tres o cuatro eran irlandeses".

"Un anciano llamado Halloran, un hombre de derechos y discreción hibernianos, me lo explicó. Llevaba un año trabajando en el camino. La mayoría de ellos murieron en menos de seis meses. Estaba delgado hasta los huesos y los cartílagos, y temblaba de escalofríos cada tres noches".

"'Cuando llegas por primera vez', dice él, 'piensas que te irás de inmediato. Pero te retienen la paga del primer mes por tu pasaje, y para entonces los trópicos te tienen agarrado. Estás rodeado por un bosque embravecido lleno de bestias de mala reputación –leones, babuinos y anacondas– que esperan para devorarte. El sol te golpea con fuerza, y derrite la médula de tus huesos. Te vuelves similar a los comedores de lechuga de los que habla el libro de poesía. Te olvidas de los elevados sentimientos de la vida, como el patriotismo, la venganza, los disturbios de la paz y el amor por una camiseta. Haces tu trabajo y te tragas el queroseno y los tubos de goma que sirve el cocinero dago como alimento. Enciendes tu pipa y te dices a ti mismo: "La próxima semana me iré", y te duermes y te llamas mentiroso, porque sabes que nunca lo harás'".

"'¿Quién es este general?', pregunto, '¿que se hace llamar de Vega?'".

"'Es el hombre', dice Halloran, 'que está tratando de completar el ferrocarril. Era el proyecto de una corporación privada, pero fracasó y luego el gobierno lo retomó. De Vega es un gran político y quiere ser presidente. La gente quiere que se complete el ferrocarril, ya que pagan muchos impuestos por ello. De Vega lo está impulsando como un movimiento de campaña'".

"'No es mi estilo', dije, 'hacer amenazas contra cualquier hombre, pero hay una cuenta que saldar entre el hombre del ferrocarril y James O'Dowd Clancy'".

"'Así era como pensaba yo al principio', dijo Halloran, con un gran suspiro, 'hasta que llegué a ser un comedor de lechuga. La culpa está en estos trópicos. Renuevan el sistema de un hombre. Es una tierra, como dice el poeta, 'Donde siempre parece ser después de la cena'. Hago mi trabajo, me fumo mi pipa y duermo. Hay poco más en la vida, de todos modos. Tú también estarás así muy pronto. No albergues ningún sentimiento en absoluto, Clancy'".

"'No puedo evitarlo', digo yo; 'estoy lleno de ellos. Me alisté en el ejército revolucionario de este oscuro país de buena fe para luchar por su libertad, honores y candelabros de plata; en lugar de eso, estoy cortando su paisaje y arrancando sus raíces. Es el general el que tendrá que pagar por ello'".

"Trabajé dos meses en ese ferrocarril antes de encontrar la oportunidad de escapar. Un día enviaron a un grupo de nosotros de regreso al final de la línea para buscar algunos picos que habían sido enviados a Puerto Barrios para ser afilados. Los trajeron en un carro de mano, y noté, cuando me alejé, que el carro estaba dejado allí en la vía".

"Esa noche, cerca de las doce, desperté a Halloran y le conté mi plan".

"'¿Escapar?' dijo Halloran. 'Dios mío, Clancy, ¿lo dices en serio? No tengo el valor. Hace demasiado frío y no he dormido lo suficiente. ¿Escapar? Te lo dije, Clancy, me comí la lechuga. He perdido el control. Son los trópicos los que lo han hecho. Es como dice el poeta: 'Olvidados están nuestros amigos que hemos dejado atrás; en la tierra hueca de las lechugas viviremos y nos acostaremos'. Será mejor que sigas, Clancy. Me quedaré, supongo. Es demasiado temprano y hace frío, y tengo sueño'".

"Así que tuve que dejar Halloran. Me vestí sin hacer ruido y salí de la tienda en la que estábamos. Cuando llegó el guardia, lo derribé, como a un bolo, con un coco verde que tenía y me dirigí al ferrocarril. Me subí a ese carro de mano y lo hice andar a prisa. Todavía faltaba un rato para que amaneciera cuando vi las luces de Puerto Barrios como a una milla de distancia. Detuve el carro de mano allí y caminé hasta el pueblo. Entré en ese pueblo con cuidado y vacilaciones. No le tenía miedo al ejército de Guatemala, pero mi alma temblaba ante la perspectiva de una lucha cuerpo a cuerpo con su oficina de empleo. Es un país que contrata su ayuda fácilmente y la mantiene por mucho tiempo. Seguro que puedo imaginar a Miss América y Miss Guatemala pasando un poco de chismes en una buena noche tranquila a través de las montañas. 'Oh, querida', dice Miss América, 'y son muchos los problemas que estoy teniendo con la ayuda, señora'. '¡Leyes, ahora!', dice Miss Guatemala, 'usted no. ¡No lo diga, señora!

Ahora, los míos nunca piensan en dejarme, ¡ji, ji!', se ríe Miss Guatemala".

"Me preguntaba cómo iba a alejarme de esos trópicos sin que me contrataran de nuevo. Aunque estaba oscuro, pude ver un barco navegando en el puerto, con humo saliendo de sus chimeneas. Doblé por una pequeña calle de césped que bajaba hasta el agua. En la playa encontré a un morenito a punto de zarpar en un esquife.

"'Espera, Sambo, ¿sabes inglés?', pregunté".

"'Un montón, sí', respondió con una sonrisa de satisfacción".

"'¿Qué barco es ese?, le pregunté, ¿y a dónde va? ¿Y cuáles son las noticias, la buena palabra y la hora del día?'".

"'Ese barco, el *Conchita*', dijo el moreno, afable y tranquilo, preparándose un cigarrillo. Ha venido de Nueva Orleans para cargar bananas. Le dieron carga anoche. Creo que zarpará en una o dos horas. Muy buen día vamos a tener. ¿Has oído hablar de una gran batalla? ¿Cree que atraparán al general de Vega, señor? ¿Sí? ¿No?'".

"'¿Cómo es eso, sambo? ¿Una gran batalla? ¿Qué batalla? ¿Quién quiere atrapar al general de Vega? He estado en las viejas minas de oro en el interior durante un par de meses y no he tenido noticias'".

"'Oh', dice el negro, orgulloso de hablar inglés, 'hace una semana hubo una gran revolución en Guatemala. General de Vega intenta ser presidente. Él levanta brazo, uno, cinco, diez mil hombres para luchar contra el gobierno. Ese gobierno envía quinientos cuarenta mil soldados para sofocar la revolución. Pelearon una gran batalla ayer en Lomagrande, como a diecinueve o cincuenta millas en la montaña. Ese soldado del gobierno le dio una paliza al general de Vega, oh, muy malo. Quinientos, novecientos, dos mil de sus hombres son matar. Esa revolución es aplastar, suprimir, reventar, muy rápido. General de Vega, él h-h-huyó rápido en una gran mula. ¡Sí, caramba! El general, él h-h-huye, y su ejército es matar. Ese soldado del gobierno, intentan encontrar al General de Vega mucho. Quieren atraparlo para disparar. ¿Cree que atraparon a ese general, señor?'".

"'¡Los santos lo quieran!', dije yo. 'Sería el juicio de la providencia por poner el talento guerrero de un Clancy para nivelar los trópicos con un pico y una pala. Pero ahora no se trata tanto de insurrecciones, hombrecito, como del problema del jornalero. Ansioso estoy por renunciar a una situación de responsabilidad y confianza con el departamento de alas blancas de su gran y degradado país. Llévame en tu pequeño bote hasta ese barco, y te daré cinco dólares, cinco pesos, cinco pesos, dije, reduciendo la oferta al idioma y la denominación de los dialectos tropicales.

"'Cinco pesos', repite el hombre. '¿Cinco dólar, me das?'".

"No era un hombrecillo tan malo. Al principio dudó, diciendo que los pasajeros que salieran del país debían tener papeles y pasaportes, pero finalmente me llevó junto al barco".

"Estaba amaneciendo cuando llegamos, y no había un alma a la vista a bordo. El agua estaba muy quieta, y el hombre negro me ayudó a bajar del bote, y subí al barco donde le cortaron el costado a la cubierta para cargar fruta. Las escotillas estaban abiertas, miré hacia abajo y vi el cargamento de plátanos que llenaba la bodega hasta seis pies de la parte superior. Pensé para mis adentros: 'Clancy, es mejor que vayas como polizón. Es más seguro. Los hombres del barco podrían devolverte a la oficina de empleo. El trópico te atrapará, Clancy, si no tienes cuidado'".

"Así que salté fácilmente entre los plátanos y cavé un hoyo para esconderme entre los racimos. En una hora más o menos pude oír los motores en marcha y sentir el barco balanceándose, y supe que nos habíamos hecho a la mar. Dejaron las escotillas abiertas para ventilación, y muy pronto hubo suficiente luz en la bodega para ver bastante bien. Empecé a sentirme un poco hambriento y pensé en tomar un almuerzo ligero de frutas, a modo de refrigerio. Salí del agujero que había hecho y me puse de pie. Justo en ese momento vi a otro hombre trepar a unos diez pies de distancia y estirar la mano, pelar un plátano y llevárselo a la boca. Era un hombre sucio, de cara negra, andrajoso y de aspecto vergonzoso. Sí, el hombre era la viva imagen de las fotos del gordo Cansado Willie en las historietas de los periódicos. Volví a mirar y vi que era mi general, de Vega, el gran revolucionario, arriero e importador de picos. Al verme el general vaciló con la boca llena de plátano y los ojos del tamaño de cocos".

"'¡Pst!, dije. Ni una palabra, o nos sacarán y nos harán caminar. '¡Viva la libertad!', agrego, recuperando el sentimiento al empujar un plátano de vuelta. Estaba seguro de que el general no me reconocería. El nefasto trabajo de los trópicos me había dejado con un aspecto diferente. Había media pulgada de bigotes ruanos cubriendo mi rostro, y mi disfraz era un overol azul y una camisa roja".

"'¿Cómo llegó al barco, señor?", preguntó el general tan pronto como pudo hablar".

"'Por la puerta trasera', respondí. 'Fue un glorioso golpe por la libertad el que dimos, pero nos abrumaron los números. Aceptemos nuestra derrota como hombres valientes y comamos otro plátano'".

"'¿Peleó en la causa de la libertad, señor?', dijo el general, derramando unas lágrimas sobre la carga".

"'Hasta el final', dije. 'Fui yo quien lideró la última carga desesperada contra los secuaces del tirano. Pero los enfureció y nos vimos obligados a retirarnos. Fui yo, general, quien consiguió la mula en la que escapó usted. ¿Podría darles a esos plátanos maduros un pequeño empujón, general? Están un poco fuera de mi alcance. Gracias'".

"'¿De verdad, valiente patriota?' dijo el general, otra vez llorando. '¡Ay, Dios! Y no tengo los medios para recompensar tu devoción. Apenas me llevé la vida. ¡Caramba! ¡Qué animal del demonio ese mulo, señor! Como barcos en una tormenta fui lanzado. Mi piel misma fue arrancada con las espinas y las vides. Sobre la corteza de cien árboles saltó esa bestia infernal, y causó ultraje a mis piernas. En la noche vine a Puerto Barrios. Me despojé de esa mula y me apresuré por la orilla del agua. Encontré un pequeño bote para amarrarlo. Me subí y remé hasta el barco. No pude ver a ningún hombre a bordo, así que trepé por una cuerda que cuelga a un lado. Entonces yo mismo me escondí en los plátanos. Ciertamente, digo, si los capitanes de los navíos me ven, me volverán a arrojar a aquellos de Guatemala. Esas cosas no son buenas. Guatemala fusilará al general de Vega. Por lo tanto, me escondo y permanezco en silencio. La vida misma es gloriosa. La libertad está bastante bien; pero tan buena como la vida, no creo'".

"Tres días, como dije, fue el viaje a Nueva Orleans. El general y yo llegamos a ser compinches del tinte más profundo. Comíamos plátanos hasta que resultaban desagradables a la vista y desagradables al paladar, pero sólo a los plátanos se reducía la cuenta. Por la noche salí a rastras, con cuidado, a la cubierta inferior y tomé una cubeta de agua fresca".

"Ese General de Vega era un hombre habitado por una aglomeración de palabras y frases. Quitó la monotonía del viaje con su conversación. Creía que yo era un revolucionario de su propio partido, habiendo, según me dijo, muchos estadounidenses y otros extranjeros en sus filas. Era un fanfarrón y un charlatán engreído, aunque se consideraba un héroe. Fue en sí mismo en quien desperdició todo su arrepentimiento por el fracaso de su complot. El pequeño gordo no dijo ni una palabra sobre los otros idiotas que se portaron mal a los que les habían disparado, o que murieron en su revolución".

"El segundo día se sentía bastante fanfarrón y engreído por ser un conspirador de polizón que debía su existencia a una mula y plátanos robados. Me estaba contando sobre el gran ferrocarril que había estado construyendo, y relató lo que él llama un incidente cómico sobre un tonto irlandés al que engañó desde Nueva Orleans para que tomara un pico en su pequeña línea del ferrocarril. Fue doloroso escuchar al pequeño y sucio general contar la oprobiosa historia de cómo puso sal en la cola de ese pájaro temerario y tonto, Clancy. Rio abundante y largo. Temblaba de risa, el rebelde de cara negra y marginado, parado en plátanos hasta el cuello, sin amigos ni patria".

"'Ah, señor', se ríe, 'hasta la muerte se hubiera reído usted de ese irlandés tan gracioso. Yo le dije: "Hombres grandes y fuertes se necesitan mucho en Guatemala". "Voy a pelear por su país oprimido", dijo él. "Eso harás", le dije. ¡Ay! era un irlandés tan cómico. Ve una caja en el muelle que contiene para el guardia unas cuantas armas. Él piensa que hay armas en todas las cajas. Pero eran solo picos. Sí. ¡Ay! Señor, hubiera visto usted la cara de ese irlandés cuando lo pusieron a trabajar'".

"Así fue como el exjefe de la oficina de empleo contribuyó al tedio del viaje con alegres bromas y anécdotas. Pero de vez en cuando lloraba sobre los plátanos y hacía un discurso sobre la causa perdida de la libertad y la mula".

"Fue un sonido agradable cuando el barco chocó contra el muelle en Nueva Orleans. Muy pronto escuchamos el tac-tac-tac de cientos de pies descalzos, y el de dagos que descarga la fruta saltó a la cubierta y bajó a la bodega. El general y yo trabajamos un tiempo en pasar los racimos, y pensaron que éramos parte de la tripulación. Después de aproximadamente una hora logramos escabullirnos del barco al muelle".

"Fue un gran honor en manos de un Clancy, tener el entretenimiento del representante de un gran poder filibustero extranjero. Primero compré para el general y para mí muchos tragos largos y cosas para comer que no fueran plátanos. El general caminó a mi lado, dejándome todos los arreglos a mí. Lo llevé hasta Lafayette Square y lo coloqué en un banco del pequeño parque. Le di cigarrillos que le había comprado, y él se encorvó en el asiento como un vagabundo pequeño, gordo y satisfecho. Lo miré mientras se sienta allí, y lo que veo me agrada. Marrón por naturaleza e instinto, ahora está manchado de suciedad y polvo. Elogio a la mula, su ropa es en su mayoría cuerdas y faldones. Sí, la apariencia del general es agradable para Clancy".

"Le pregunto, con delicadeza, si por casualidad se trajo el dinero de alguien con él desde Guatemala. Suspira y golpea sus hombros contra el banco. Ni un centavo. Está bien. Tal vez, me dice, algunos de sus amigos del trópico le envíen fondos más tarde. El general era el caso más claro sin medios visibles que jamás haya visto".

"Le dije que no se moviera del banco y luego fui a la esquina de Poydras y Carondelet. A lo largo está el ritmo de O'Hara. En cinco minutos llega O'Hara, un hombre grande y fino, de cara roja, con botones brillantes, blandiendo su garrote. Sería bueno que Guatemala se mudara al recinto de O'Hara. Sería un buen pasatiempo para Danny sofocar revoluciones y levantamientos una o dos veces por semana con su garrote".

"'¿Ya está funcionando el 5046, Danny?', le digo, acercándome a él".

"'Horas extras', dice O'Hara, mirándome sospechoso. '¿Quieres un poco?'".

"Cincuenta y cuarenta y seis es la célebre ordenanza de la ciudad que autoriza el arresto, la condena y el encarcelamiento de las personas que logran ocultar sus delitos a la policía".

"'¿No conoces a Jimmy Clancy?', le dije. 'Tú, monstruo de branquias rosadas'. Entonces, cuando O'Hara me reconoció bajo el exterior escandaloso que me otorgaron los trópicos, lo empujé hacia una puerta y le dije lo que quería y por qué lo quería. "Está bien,

Jimmy", dice O'Hara. 'Regresa y detenlo allí. Estaré contigo en diez minutos'".

"En ese momento, O'Hara paseaba por Lafayette Square y vio a dos holgazanes deshonrando uno de los bancos. En diez minutos más J. Clancy y el general De Vega, difunto candidato a la presidencia de Guatemala, estaban en la comisaría. El general está muy asustado y me pidió que proclamara sus distinciones y rango".

"'El hombre', le dije a la policía, 'solía ser ferroviario. Él es un vagabundo ahora. Es el pequeño asqueroso que es debido a que perdió su trabajo'".

"'¡Caramba!', dijo el general burbujeante como una pequeña fuente de gaseosa, 'usted peleó, señor, con mis fuerzas en mi patria. ¿Por qué dice esas mentiras? Dirá que soy el general de Vega, un soldado, un caballero...'".

"'Ferroviario', digo de nuevo. 'Lleva tres días viviendo de plátanos robados. Mírenlo. ¿No es suficiente?'".

"Veinticinco dólares o sesenta días, fue lo que le dio el registrador al general. No tenía un centavo, así que tomó el tiempo. Me dejaron ir, como sabía que harían, porque tenía dinero para mostrar, y O'Hara habló por mí. Sí; sesenta días le dieron. Fue tan largo que lancé un pico para el gran país de Kam... Guatemala".

Clancy hizo una pausa. La brillante luz de las estrellas mostró una mirada que recordaba el contenido feliz en sus rasgos experimentados. Keogh se reclinó en su silla y le dio a su compañero una palmada en la espalda apenas cubierta que sonó como el crujido de las olas en la arena".

"Diles, malvado", se rio entre dientes, "cómo te vengaste del general tropical en el camino de las maniobras agrícolas".

"Como no tenía dinero", concluyó Clancy con unción, "lo pusieron a trabajar con un grupo de la prisión parroquial que limpiaba Ursulines Street. A la vuelta de la esquina había un salón decorado genialmente con ventiladores eléctricos y mercancía genial. Lo convertí en mi cuartel general, y cada quince minutos caminaba y echaba un vistazo al hombrecillo que hacía de filibustero con un rastrillo y una pala. Fue un día tan caliente como este. Y yo lo llamaba '¡Oye, monsieur!' y él me miraba negro, con la humedad mostrándose a través de su camisa en algunos lugares".

"'Hombres gordos y fuertes', le dije al general de Vega, 'se necesitan en Nueva Orleans. Sí. Para continuar con el buen trabajo. ¡Caramba! ¡Erin vete a fanfarronear!'".

XI: LOS RESTOS DEL CÓDIGO

El desayuno en Coralio era a las once. Por lo tanto, la gente no iba temprano al mercado. La pequeña casa de mercado de madera se alzaba sobre un trozo de hierba cortada, bajo el follaje verde intenso de un árbol del pan.

Una mañana, los vendedores se reunieron allí tranquilamente, trayendo consigo sus mercancías. Un porche o plataforma de seis pies de ancho rodeaba el edificio, protegido del sol de media mañana por el techo de paja que sobresalía. Sobre esta plataforma los vendedores solían exhibir sus productos: carne de res recién sacrificada, pescado, cangrejos, frutas del país, yuca, huevos, dulces y pilas altas y tambaleantes de tortillas nativas tan grandes como el sombrero de un importante español.

Pero esa mañana aquellos cuyas estaciones se encontraban en el lado del mar de la casa del mercado, en lugar de esparcir sus mercancías formaron un grupo que parloteaba y gesticulaba suavemente. Porque allí, en su espacio de la plataforma, estaba tendida, dormida, la figura poco hermosa de "Beelzebub" Blythe. Yacía sobre una tira irregular de estera de cacao, más que nunca en apariencia de ángel caído. Su traje de lino tosco, sucio, con las costuras reventadas, arrugado en mil arrugas y pliegues diversificados, lo envolvía absurdamente, como el atuendo de una efigie que hubiera sido embalsamada y arrojada allí después de que se le hubiera infligido una indignidad. Pero firmemente sobre el alto puente de su nariz reposaban sus anteojos con montura dorada, la insignia sobreviviente de su antigua gloria.

Los rayos del sol, reflejados temblorosamente desde el mar ondulante sobre su rostro, y las voces de los hombres del mercado despertaron a "Beelzebub" Blythe. Se incorporó, parpadeando, y apoyó la espalda contra la pared del mercado. Sacando un pañuelo de seda arruinado de su bolsillo, frotó y pulió asiduamente sus anteojos. Y mientras hacía esto, se dio cuenta de que su dormitorio había sido invadido, y que educados hombres morenos y amarillos le suplicaban que se fuera en favor de sus mercancías.

Si el señor tuviera la bondad, mil perdones por traerle molestias, pero pronto vendrán los compradores por las provisiones del día, ¡ciertamente lamentaban mucho molestarlo!

De esta manera le ampliaron la insinuación de que debía irse y dejar de obstruir las ruedas del comercio.

Blythe salió de la plataforma con el aire de un príncipe dejando su sofá con dosel. Nunca perdió del todo ese aire, ni siquiera en el punto más bajo de su caída. Es claro que el colegio de la buena crianza no necesariamente mantiene una cátedra de moral dentro de sus muros.

Blythe sacudió su ropa y avanzó lentamente por la Calle Grande a través de la arena caliente. Se movió sin un destino en su mente. El pueblecito volvía lánguidamente a su vida cotidiana. Los bebés de piel dorada se revolcaban unos sobre otros en la hierba. La brisa del mar le abrió el apetito, pero no había nada que lo saciara. Por todo Coralio estaban sus olores matutinos: los de las flores tropicales fuertemente fragantes y del pan horneado en los hornos de barro al aire libre y el humo penetrante de sus fuegos. Donde el humo se disipó, el aire cristalino, con algo de la eficacia de la fe, pareció llevar las montañas casi hasta el mar, acercándolas tanto que uno podría contar los claros llenos de cicatrices en sus lados boscosos. Los caribes de pies ligeros se deslizaban rápidamente hacia sus tareas en la orilla del agua. Y a a lo largo de los boscosos senderos de los platanales, filas de caballos se movían lentamente, ocultos, excepto por sus cabezas que asentían y sus piernas pesadas, por los racimos de frutas de color verde dorado amontonados sobre sus espaldas. En los umbrales de las puertas se sentaban mujeres que se peinaban el pelo largo y negro y se llamaban unas a otras a través de las estrechas calles. La paz reinaba en Coralio, paz árida y vacía; pero aún paz.

En esa mañana brillante cuando la naturaleza parecía estar ofreciendo el loto en la fuente dorada del amanecer, "Beelzebub" Blythe había tocado fondo. Caer más parecía imposible. Dormir la noche anterior en un lugar público había acabado con él. Mientras tuviera un techo para cubrirse, allí se quedaba, sin puente en el espacio que separa a un caballero de las bestias de la selva y las aves del aire. Pero ahora era poco más que una ostra llevada a ser devorada en las arenas de un mar del sur por la astuta morsa, circunstancia y el implacable destino.

Para Blythe, el dinero no era más que un recuerdo. Había drenado a sus amigos de todo lo que su buena camaradería tenía para ofrecer; luego los había exprimido hasta la última gota de su generosidad; y al final, como Aarón, había golpeado la roca de sus senos endurecidos por las gotas innobles y dispersas de la caridad misma.

Había agotado su crédito hasta el último real. Con la minuciosa agudeza del desvergonzado gorrón conocía todas las fuentes de Coralio de las que se podía sacar un vaso de ron, una comida o una pieza de plata. Clasificando cada una de esas fuentes en su mente, las consideró con toda la minuciosidad y penetración que el hambre y la sed le permitían para la tarea. Todo su optimismo no logró obtener un grano de esperanza de la paja de sus postulados. Había terminado el juego. Esa noche al aire libre le había sacudido los nervios. Hasta entonces le habían quedado al menos algunos motivos sobre los que podía basar sus desvergonzadas demandas sobre las tiendas de sus vecinos. Ahora debe mendigar en lugar de pedir prestado. Ni la más descarada mentira podría dignificar con el nombre de "préstamo" la moneda lanzada con desdén a un vagabundo que dormía sobre las tablas desnudas del mercado público.

Pero en esta mañana ningún mendigo habría recibido con mayor gratitud una moneda de caridad, porque la sed demoníaca lo tenía agarrado por el cuello, la sed matutina del borracho que requiere ser saciada en cada estación matutina en el camino al infierno.

Blythe caminó lentamente calle arriba, atento a cualquier milagro que pudiera arrojar maná sobre él en su desierto. Al pasar por la popular casa de comidas de Madama Vásquez, los huéspedes de Madama estaban sentados comiendo pan recién horneado, aguacates, pinos y un delicioso café que enviaba olorosas garantías de su calidad a la brisa. Madama estaba sirviendo; ella desvió un momento su mirada tímida, estólida, melancólica, por la ventana; vio a Blythe, y su expresión se volvió más tímida y avergonzada. "Beelzebub" le debía veinte pesos. Hizo una reverencia como lo había hecho una vez ante damas menos avergonzadas a las que no les debía nada, y siguió adelante.

Los comerciantes y sus dependientes abrían de par en par las sólidas puertas de madera de sus tiendas. Corteses pero frías fueron las miradas que lanzaron sobre Blythe mientras holgazaneaba tentativamente con los restos de su antiguo aire jovial; porque eran sus acreedores casi sin excepción.

Utilizó la fuentecita de la plaza como retrete. A través de la plaza abierta desfilaba la dolorosa fila de amigos de los presos en el calabozo, llevando la comida de la mañana de los prisioneros. La comida en sus manos despertó solo un pequeño deseo en Blythe. Era bebida lo que anhelaba su alma, o dinero para comprarla.

En las calles se encontró con muchos con quienes había sido amigo, y cuya paciencia y liberalidad había agotado gradualmente. Willard Geddie y Paula pasaron junto a él con la más fría inclinación de cabeza, regresando de su paseo diario a caballo por el antiguo camino indio. Keogh pasó junto a él en otra esquina, silbando alegremente y trayendo huevos recién puestos para el desayuno de él y Clancy. El jovial explorador de fortuna era una de las víctimas de Blythe que más a menudo metía la mano en el bolsillo para ayudarlo. Pero ahora parecía que Keogh también se había fortalecido contra futuras invasiones. Su saludo cortante y la luz ominosa de sus ojos grises y plenos aceleraron los pasos de "Beelzebub", a quien la desesperación casi había incitado a intentar un "préstamo" adicional.

Tres tiendas de bebidas el desolado visitó seguidamente en sucesión. En todo esto se había gastado su dinero, su crédito y su acogida hacía mucho tiempo; pero Blythe sintió que se habría adulado en el polvo a los pies de un enemigo esa mañana por un trago de aguardiente. En dos de las pulperías, su valiente petición de bebida fue recibida con una negativa tan cortés que dolió más que un insulto. El tercer establecimiento había adquirido algo de métodos estadounidenses; y aquí fue tomado y arrojado sobre sus manos y rodillas.

Esta indignidad física provocó un cambio singular en el hombre. Mientras se levantaba y se alejaba, una expresión de absoluto alivio apareció en su rostro. La sonrisa engañosa y conciliadora que había grabado allí fue sucedida por una mirada de resolución tranquila y siniestra. "Beelzebub" había estado flotando a trompicones en el mar de la improbidad, agarrándose con una delgada línea de vida al mundo respetable que lo había arrojado por la borda. Debió haber sentido que con este impacto final la línea se había roto, y haber experimentado la bienvenida tranquilidad del nadador que se ahoga y ha dejado de luchar.

Blythe caminó hasta la siguiente esquina y se quedó allí mientras se quitaba la arena de la ropa y volvía a lustrar sus gafas.

"Tengo que hacerlo, oh, tengo que hacerlo", se dijo en voz alta. "Si tuviera un litro de ron, creo que podría evitarlo, por un tiempo. Pero ya no queda ron para 'Beelzebub', como me llaman. ¡Por las llamas del Tártaro! Si debo sentarme a la diestra de Satanás, alguien tiene que pagar los gastos de la corte. Tendrá que desembolsar, Sr. Frank Goodwin. Eres un buen tipo; pero un caballero debe trazar la línea a estar en la ruina. Chantaje no es una palabra bonita, pero es la siguiente estación en el camino que estoy recorriendo".

Con determinación en sus pasos, Blythe se movía rápidamente a través de la ciudad. Pasó por los sórdidos barrios de los desprevenidos negros y más allá de las pintorescas chozas de los mestizos más pobres. Desde muchos puntos a lo largo de su curso pudo ver, a través de los sombríos claros, la casa de Frank Goodwin en su colina boscosa. Y al cruzar el puentecito sobre la laguna vio al viejo indio Gálvez fregando la lápida de madera que llevaba el nombre de Miraflores. Más allá de la laguna, las tierras de Goodwin comenzaron a ascender suavemente. Un camino cubierto de hierba, sombreado por una generosa y diversa variedad de flora tropical, serpenteaba desde el borde de un platanero periférico hasta la vivienda. Blythe tomó este camino con pasos largos y decididos.

Goodwin estaba sentado en su galería fresca, dictando cartas a su secretario, un joven nativo cetrino y capaz. La familia se adhirió al plan estadounidense de desayuno; y esa comida había sido cosa del pasado durante casi una hora.

El náufrago caminó hacia los escalones y agitó una mano.

"Buenos días, Blythe", dijo Goodwin, alzando la vista. "Pasa y siéntate. ¿Puedo hacer algo por ti?".

"Quiero hablarte en privado".

Goodwin asintió a su secretario, quien se puso bajo un árbol de mango y encendió un cigarrillo. Blythe tomó la silla que había dejado vacante.

"Quiero dinero", dijo obstinadamente.

"Lo siento", respondió Goodwin, con igual franqueza, "pero no te puedo dar nada. Estás bebiendo hasta morir, Blythe. Tus amigos han hecho todo lo posible para ayudarte a recuperarte. No te ayudarás a ti mismo. No sirve de nada darte dinero para que sigas arruinándote".

"Querido amigo", dijo Blythe, inclinando su silla hacia atrás, "ahora no es una cuestión de economía social. Ya pasó eso. Me caes bien, Goodwin; y he venido a clavarte un cuchillo entre las costillas. Me echaron del salón de Espada esta mañana; y la sociedad me debe la reparación de mis sentimientos heridos".

"Yo no te eché".

"No; pero de cierta manera representas a la sociedad; y de manera particular representas mi última oportunidad. He tenido que llegar a esto, amigo, lo intenté hacer hace un mes cuando el hombre de Losada estaba aquí dando vueltas; pero no pude hacerlo entonces. Ahora es diferente. Quiero mil dólares, Goodwin; y tendrás que dármelos".

"Apenas la semana pasada", dijo Goodwin, con una sonrisa, "un dólar de plata era lo único que pedías".

"Una evidencia", dijo Blythe, con ligereza, "de que todavía era justo, aunque bajo una fuerte presión. La paga del pecado debe ser algo mayor que un peso que vale cuarenta y ocho centavos. Hablemos de negocios. Soy el villano del tercer acto; y debo tener mi merecido, aunque sea temporal, triunfo. Te vi tomar el maletín del difunto presidente. Oh, sé que es un chantaje; pero soy generoso con el precio. Sé que soy un villano barato, uno de los típicos dramas de aserraderos, pero eres uno de mis amigos particulares y no quiero molestarte mucho".

"Supongamos que entras en detalles", sugirió Goodwin, acomodando tranquilamente sus cartas sobre la mesa.

"Está bien", dijo Beelzebub. "Me gusta la forma en que lo tomas. Desprecio el histrionismo; así que prepárate para los hechos sin fuego rojo, calcio o notas de gracia en el saxofón".

"La noche en que Su Excelencia llegó a la ciudad yo estaba muy borracho. Disculparás el orgullo con que afirmo ese hecho; pero fue toda una hazaña para mí alcanzar ese estado deseable. Alguien había dejado un catre bajo los naranjos en el patio del hotel de Madama Ortiz. Salté el muro, me acosté sobre él y me quedé dormido. Me despertó una naranja que cayó del árbol sobre mi nariz; y me quedé allí un rato maldiciendo a sir Isaac Newton, o quienquiera que haya sido el que inventó la gravedad, por no limitar su teoría a las manzanas".

"Y entonces llegó el señor Miraflores y su verdadero amor con el tesoro en un maletín, y entraron al hotel. A continuación, apareciste a la vista y celebraste tu reunión con el barbero que insistió en hablar de trabajo después de horas. Traté de dormirme de nuevo; pero una vez más mi descanso se vio perturbado, esta vez por el ruido de la pistola que se disparó arriba. Entonces ese maletín se estrelló contra un naranjo justo encima de mi cabeza; y me levanté de mi sofá, sin saber cuándo podría empezar a llover baúles de Saratoga. Cuando el ejército y la policía comenzaron a llegar, con sus medallas y condecoraciones prendidas apresuradamente en sus pijamas y sus risitas dibujadas, me arrastré hacia la agradable sombra de una planta de banano. Permanecí allí durante una hora, momento en el cual la emoción y la gente se habían disipado. Y luego, mi querido Goodwin, discúlpame, te vi regresar a escondidas y arrancar ese maletín maduro y jugoso del naranjo. Te seguí y te vi llevarlo a tu propia casa. Una cosecha de cien mil dólares de un naranjo en una temporada rompe el récord de la industria frutícola".

"Siendo un caballero en ese momento, por supuesto, nunca mencioné el incidente a nadie. Pero esta mañana me echaron de una taberna, mi código de honor anda mal por los codos, y vendería el libro de oraciones de mi madre por un poco de aguardiente. No estoy exigiendo gran cosa. Debería valer mil para ti por haber dormido en ese catre durante todo el alboroto sin despertarme y ver nada".

Goodwin abrió dos cartas más e hizo anotaciones a lápiz sobre ellas. Luego llamó "¡Manuel!" a su secretario, que vino, rápidamente.

"El *Ariel*, ¿cuándo zarpa?", preguntó Goodwin.

"Señor", respondió el joven, "a las tres de esta tarde. Baja por la costa hasta Punta Soledad para completar su cargamento de fruta. Desde allí zarpa hacia Nueva Orleans sin demora".

"Bueno", dijo Goodwin. "Estas cartas pueden esperar un poco más".

El secretario siguió fumando su cigarrillo bajo el árbol de mangos.

"En números redondos", dijo Goodwin, mirando directamente a Blythe, "¿cuánto dinero debes en esta ciudad, sin incluir las sumas que me has 'pedido'?".

"Quinientos, más o menos", respondió Blythe tranquilamente.

"Ve a algún lugar de la ciudad y escribe cuáles son tus deudas", dijo Goodwin. Vuelve aquí en dos horas y enviaré a Manuel con el dinero para pagarlas. También tendré un conjunto decente de ropa listo para ti. Navegarás en el *Ariel* a las tres. Manuel te acompañará hasta la cubierta del barco. Allí te entregará mil dólares en efectivo. Supongo que no necesitamos discutir lo que se espera que hagas a cambio".

"Oh, entiendo", dijo Blythe alegremente. "Estuve durmiendo todo el tiempo en el catre bajo los naranjos de Madama Ortiz; y me sacudo el polvo de Coralio para siempre. Jugaré limpio. No más loto para mí. Tu propuesta está bien. Eres un buen tipo, Goodwin; y no estoy siendo exigente. Estaré de acuerdo con todo. Pero mientras tanto, tengo una sed endiablada, amigo...".

"Ni un centavo", dijo Goodwin firmemente, "hasta que estés a bordo del *Ariel*. Te emborracharías en treinta minutos si te diera dinero ahora".

Pero notó los globos oculares manchados de sangre, la forma relajada y las manos temblorosas de "Beelzebub"; y entró en el comedor por la ventana baja, y sacó una copa y una licorera de brandy.

"Toma un poco, de todos modos, antes de irte", le propuso, incluso como un hombre que entretiene a un amigo.

Los ojos de "Beelzebub" Blythe brillaron al ver el consuelo por el que ardía su alma. Hoy, por primera vez, a sus nervios envenenados se les había negado su dosis tranquilizadora; y su réplica fue un tormento creciente. Agarró la licorera y golpeó su boca de cristal contra el vaso en su mano temblorosa. Arrojó el vaso y luego se irguió, sosteniéndolo en alto por un instante. Por un fugaz momento mantuvo la cabeza por encima de las olas ahogadas de su abismo. Asintió fácilmente a Goodwin, levantó su copa hasta el borde y murmuró un "salud" que los hombres habían usado en su antiguo Paraíso Perdido. Y luego, tan repentinamente que derramó el brandy sobre su mano, dejó su copa, sin probar.

"En dos horas", murmuraron sus labios secos a Goodwin, mientras bajaba los escalones y volvía la cara hacia la ciudad.

En el borde de la fresca arboleda de plátanos, "Beelzebub" se detuvo, y abrió la lengüeta de la hebilla de su cinturón en otro agujero.

"No podría hacerlo", explicó con vehemencia, a las hojas de plátano que se agitaban. "Quería, pero no pude. Un caballero no puede beber con el hombre al que chantajea".

XII: ZAPATOS

John De Graffenreid Atwood comió loto, raíz, tallo y flor. El trópico lo engulló. Se sumergió con entusiasmo en su trabajo, que era tratar de olvidar a Rosine.

Ahora bien, aquellos que cenan el loto rara vez lo consumen solo. Hay una salsa *au diable* que lo acompaña; y los destiladores son los chefs que lo preparan. Y en la tarjeta del menú de Johnny decía "brandy". Con una botella entre ellos, él y Billy Keogh se sentaban en el porche del pequeño consulado por la noche y entonaban grandes e indecorosas canciones, hasta que los nativos, deslizándose apresuradamente, se encogían de hombros y murmuraban cosas sobre los "estadounidenses diablos".

Un día, el mozo de Johnny trajo el correo y lo tiró sobre la mesa. Johnny se inclinó en su hamaca y toqueteó las cuatro o cinco cartas con desánimo. Keogh estaba sentado en el borde de la mesa cortando perezosamente con un cortapapeles las patas de un ciempiés que se arrastraba entre los papeles. Johnny estaba en esa fase de comer loto cuando todo sabe amargo en la boca.

"¡Lo mismo de siempre!", se quejó él. "Engañar a la gente que escribe para obtener información sobre el país. Quieren saber todo sobre el cultivo de frutas y cómo hacer una fortuna sin trabajar. La mitad de ellos ni siquiera envían sellos para recibir una respuesta. Creen que un cónsul no tiene otra cosa que hacer que escribir cartas. Abre esos sobres por mí, amigo, y mira lo que quieren. Me siento demasiado inestable para moverme".

Keogh, aclimatado más allá de toda posibilidad de mal humor, acercó su silla a la mesa con una sonrisa complaciente en su semblante sonrosado y comenzó a abrir las cartas. Cuatro de ellas eran de ciudadanos de varias partes de los Estados Unidos que parecían considerar al cónsul en Coralio como una enciclopedia de información. Hacían largas listas de preguntas, ordenadas numéricamente, sobre el clima, los productos, las posibilidades, las leyes, las oportunidades comerciales y las estadísticas del país en el que el cónsul tenía el honor de representar a su propio gobierno.

"Escríbelos, por favor, Billy", dijo ese funcionario inerte, "solo una línea, refiriéndolos al último informe consular. Diles que el

Departamento de Estado estará encantado de proporcionar las joyas literarias. Firma con mi nombre. No dejes que tu bolígrafo rasque, Billy; me mantendrá despierto".

"No ronques", dijo Keogh amablemente, "y haré tu trabajo por ti. Necesitas un grupo de asistentes, de todos modos. No veo cómo alguna vez haces un informe. ¡Despierta! Aquí hay una carta más, también es de tu propia ciudad, Dalesburg".

"¿De mi ciudad?", murmuró Johnny mostrando un poco y obligado interés. "¿De qué trata?".

"El administrador de correos escribe", explicó Keogh. "Dice que un ciudadano del pueblo quiere algunos datos y consejos tuyos. Dice que el ciudadano tiene una idea en la cabeza de bajar adonde estás y abrir una zapatería. Quiere saber si crees que el negocio pagaría. Dice que ha oído hablar del auge a lo largo de esta costa y quiere ser parte de él".

A pesar del calor y su mal genio, la hamaca de Johnny se balanceaba con su risa. Keogh también se rio; y el mono mascota en el estante superior de la librería parloteaba con estridente simpatía por la irónica recepción de la carta de Dalesburg.

"¡Grandes juanetes!" exclamó el cónsul. "¡Zapatería! ¿Sobre qué preguntarán a continuación, me pregunto? Fábrica de abrigos, supongo. Oye, Billy, de nuestros 3,000 ciudadanos, ¿cuántos supones que alguna vez usaron un par de zapatos?".

Keogh reflexionó judicialmente.

"Veamos, estamos tú y yo y ...".

"Yo no", dijo Johnny, rápida e incorrectamente, levantando un pie enfundado en un zapato de piel de venado de mala reputación. "No he sido víctima de los zapatos en meses".

"Pero tú los tienes, sin embargo", continuó Keogh. "Y están Goodwin y Blanchard y Geddie y el viejo Lutz y Doc. Gregg y ese italiano que es agente de la compañía bananera, y está el viejo Delgado... no; él lleva sandalias. Y, oh, sí; ahí está Madama Ortiz, 'la que cuida el hotel', llevaba un par de pantuflas rojas en el baile la otra noche. Y la señorita Pasa, su hija, que fue a la escuela en los Estados Unidos, trajo algunas ideas civilizadas en materia de calzado. Y está la hermana del comandante que se arregla los pies los días de fiesta, y la señora Geddie, que calza un dos con empeine castellano, y eso es para todas las damas. A ver, no algunos de los soldados del cuartel, no: así es; solo se les permiten zapatos cuando están en la marcha. En los barracones, los deditos de sus pies tocan la hierba".

"Así es", estuvo de acuerdo el cónsul. "No más de veinte de los tres mil alguna vez sintieron cuero en sus pies al caminar. Oh sí; Coralio es justo la ciudad para una zapatería emprendedora que no quiere deshacerse de sus productos. ¡Me pregunto si el viejo Patterson está tratando de divertirme! Siempre estaba lleno de cosas que él llamaba bromas. Escríbele una carta, Billy. La dictaré. Lo alegraremos de regreso".

Keogh mojó su pluma y escribió al dictado de Johnny. Con muchas pausas, llenas de humo y varios viajes de la botella y los vasos, se perpetró la siguiente respuesta a la carta de Dalesburg:

Sr. Obadiah Patterson,
Dalesburg, Ala.

Estimado señor: En respuesta a su carta del 2 de julio, tengo el honor de informarle que, según mi opinión, no hay lugar en el globo habitable que presente a la vista una evidencia más fuerte de la necesidad de una zapatería de primera clase que el pueblo de Coralio. ¡Hay 3,000 habitantes en el lugar, y ni una sola zapatería! La situación habla por sí sola. Esta costa se está convirtiendo rápidamente en el objetivo de hombres de negocios emprendedores, pero el negocio del calzado es uno que lamentablemente se ha pasado por alto o se ha descuidado. De hecho, hay un número considerable de nuestros ciudadanos actualmente sin zapatos.

Además de la necesidad antes mencionada, también hay una necesidad apremiante de una cervecería, una facultad de matemáticas superiores, una carbonería y un espectáculo limpio e intelectual de Punch y Judy. Tengo el honor de ser, señor,

Su Obediente Servidor,
JOHN DE GRAFFENREID ATWOOD,

Cónsul de EE.UU. en Coralio.

P.D.: ¡Hola, tío Obadiah! ¿Cómo está el viejo burgo? ¿Qué haría el gobierno sin ti y sin mí? Permanece atento a un loro de cabeza verde y un racimo de plátanos pronto, de su viejo amigo

JOHNNY.

"Agrego esa posdata", explicó el cónsul, "para que el tío Obadiah no se ofenda por el tono oficial de la carta. Ahora, Billy, arregla esa correspondencia y envía a Pancho a la oficina de correos con ella. El *Ariadne* saca el correo mañana si completan esa carga de fruta hoy".

El programa de la noche en Coralio nunca varió. Las recreaciones de la gente eran aburridas y planas. Deambulaban, descalzos y sin rumbo, hablando en voz baja y fumando cigarros o cigarrillos. Al mirar hacia abajo, a los caminos tenuemente iluminados, uno parecía ver un laberinto de fantasmas morenos enredados con una procesión de luciérnagas locas. En algunas casas el sonido de guitarras lúgubres se sumó a la depresión de la noche triste. Las ranas arborícolas gigantes traquetearon en el follaje tan fuerte como los "huesos" del hombre del final en una compañía de trovadores. A las nueve las calles estaban casi desiertas.

Tampoco en el consulado había a menudo cambio de factura. Keogh iba allí todas las noches, porque el único lugar fresco de Coralio era el pequeño porche que daba al mar de esa residencia oficial.

El brandy se mantendría en movimiento; y antes de la medianoche el sentimiento comenzaría a agitarse en el corazón del cónsul autoexiliado. Luego le relataría a Keogh la historia de su romance terminado. Cada noche, Keogh escuchaba pacientemente la historia y estaba listo con incansable simpatía.

"Pero no pienses ni por un minuto", así Johnny siempre concluía su triste narración, "que estoy afligido por esa chica, Billy. la he olvidado Ella nunca entra en mi mente. Si ella entrara por esa puerta en este momento, mi pulso no se aceleraría. Todo eso terminó hace mucho tiempo".

"Ya lo sé", Keogh respondía. "Por supuesto que la has olvidado. Es lo correcto. No estaba del todo bien por su parte escuchar los golpes que... ejem... Dink Pawson no dejaba de darte".

"¡Pink Dawson!", un mundo de desprecio estaba en el tono de Johnny. "¡Pobre basura blanca! Eso es lo que era. Sin embargo, tenía quinientas hectáreas de tierra de cultivo; y eso contaba. Tal vez tenga la oportunidad de vengarme de él algún día. Los Dawson no eran nadie. Todo el mundo en Alabama conoce a los Atwood. Oye, Billy, ¿sabías que mi madre era una De Graffenreid?".

"Pues, no", decía Keogh; "¿lo era?". Había escuchado lo mismo unas trescientas veces.

"Es un hecho. Los De Graffenreids del condado Hancock. Pero ya pienso en esa chica, ¿verdad, Billy?".

"Ni un minuto, muchacho", serían los últimos sonidos que escucharía el conquistador de Cupido.

En este punto, Johnny caería en un sueño apacible y Keogh saldría a su propia choza bajo el árbol de calabaza en el borde de la plaza.

En uno o dos días, los exiliados de Coralio se habían olvidado de la carta del jefe de correos de Dalesburg y su respuesta. Pero el 26 de julio apareció el fruto de la respuesta en el árbol de los acontecimientos.

El *Andador*, un barco frutero que visitaba Coralio regularmente, se acercó y ancló. La playa estaba llena de espectadores mientras el médico de cuarentena y el personal de la aduana remaban para atender sus deberes.

Una hora más tarde, Billy Keogh entró holgazaneando en el consulado, limpio y fresco con su ropa de lino y sonriendo como un tiburón complacido.

"¿Adivina qué?", le dijo a Johnny, recostándose en su hamaca.

"Hace mucho calor para adivinanzas", dijo Johnny con flojera.

"El hombre de la zapatería ha venido", dijo Keogh, saboreando el dulce bocado en su lengua, "con un stock de productos lo suficientemente grande como para abastecer el continente hasta Terra del Fuego. Ahora están llevando sus maletas a la aduana. Llevaron a tierra seis barcazas llenas y remaron de vuelta para recoger el resto. ¡Oh, vosotros santos en la gloria! ¿No habrá discusiones en el aire cuando se dé cuenta de la broma y tenga una entrevista con el Sr.

Cónsul? Valdrá la pena nueve años en los trópicos solo para presenciar ese momento de alegría".

A Keogh le encantaba reírse con facilidad. Eligió un lugar limpio en la estera y se tumbó en el suelo. Las paredes temblaron con su disfrute. Johnny dio media vuelta y parpadeó.

"No me digas", dijo, "que alguien fue lo suficientemente tonto como para tomarse esa carta en serio".

"¡Cuatro mil dólares en productos!" jadeó Keogh, en éxtasis. "¡Hablando de carbones a Newcastle! ¿Por qué no llevó un barco lleno de abanicos de hojas de palma a Spitzbergen mientras estaba en eso? Vi al viejo en la playa. Deberías haber estado allí cuando se puso las gafas y miró a los quinientos ciudadanos descalzos que estaban parados alrededor.

"¿Estás diciendo la verdad, Billy?", preguntó el cónsul.

"¿Lo hago? Deberías ver a la hija del caballero que trajo consigo. ¡Wow! Ella hace que las señoritas polvorientas de aquí parezcan negras".

"Continúa", dijo Johnny, "si puedes detener esa risita tonta. Odio ver a un hombre adulto hacer de sí mismo una hiena risueña".

"El nombre es Hemstetter", continuó Keogh. "Él es un... ¡Hola! ¿Qué pasa ahora?".

Los pies enmocasinados de Johnny golpearon el suelo con un ruido sordo cuando se deslizó fuera de su hamaca.

"Levántate, idiota", dijo, con severidad, "o te romperé la cabeza con este tintero. Esos son Rosine y su padre. ¡Por Dios! ¡Qué idiota más tonto es el viejo Patterson! Levántate, Billy Keogh, y ayúdame. ¿Qué diablos vamos a hacer? ¿Se ha vuelto loco todo el mundo?".

Keogh se levantó y se sacudió el polvo. Se las arregló para recuperar una conducta decorosa.

"La situación tiene que resolverse, Johnny", dijo, con cierta seriedad. "No pensé que fuera tu chica hasta que hablaste. Lo primero que hay que hacer es conseguirles alojamientos cómodos. Baja tú y recíbelos, y yo iré con Goodwin para ver si la señora Goodwin los acepta. Tienen la casa más decente de la ciudad".

"¡Bendito seas, Billy!" dijo el cónsul. "Sabía que no me abandonarías. El mundo está destinado a llegar a su fin, pero tal vez podamos evitarlo por un día o dos".

Keogh levantó su sombrilla y se dirigió a la casa de Goodwin. Johnny se puso el abrigo y el sombrero. Recogió la botella de brandy, pero la volvió a dejar sin beber y marchó valientemente hasta la playa.

A la sombra de los muros de la aduana encontró al señor Hemstetter y a Rosine rodeados por una masa de ciudadanos boquiabiertos. Los aduaneros se agachaban y raspaban, mientras el capitán del *Andador* averiguaba el asunto de los recién llegados. Rosine parecía sana y muy viva. Miraba las extrañas escenas a su alrededor con divertido interés. Había un ligero rubor en su mejilla redonda cuando saludó a su antiguo admirador. El Sr. Hemstetter estrechó la mano de Johnny de una manera muy amistosa. Era un hombre anciano y poco práctico, uno de esa numerosa clase de hombres de negocios erráticos que siempre están insatisfechos y buscan un cambio.

"Estoy muy contento de verte, John, ¿puedo llamarte John?", dijo él. "Permíteme agradecerte tu pronta respuesta a la carta de consulta de nuestro administrador de correos. Se ofreció a escribirte en mi nombre. Estaba buscando algo diferente en el camino de un negocio en el que las ganancias serían mayores. Había notado en los periódicos que esta costa estaba recibiendo mucha atención de los inversionistas. Estoy muy agradecido por tu consejo de venir. Vendí todo lo que poseo e invertí las ganancias en una reserva de zapatos tan fina como la que se podía comprar en el Norte. Tienes un pueblo pintoresco aquí, John. Espero que el negocio sea tan bueno como tu carta decía".

La agonía de Johnny fue abreviada por la llegada de Keogh, quien se apresuró con la noticia de que la señora Goodwin estaría encantada de poner habitaciones a disposición del señor Hemstetter y su hija. Así que allí fueron conducidos de inmediato el Sr. Hemstetter y Rosine y dejados para que se recuperaran de la fatiga del viaje, mientras que Johnny bajó para asegurarse de que las cajas de zapatos se almacenaran de manera segura en el depósito de aduanas en espera de que las examinaran los funcionarios. Keogh, sonriendo como un tiburón, se apresuró a encontrar a Goodwin, para indicarle que no expusiera al Sr. Hemstetter el verdadero estado de Coralio como un mercado de zapatos hasta que Johnny tuviera la oportunidad de redimir la situación, si tal cosa fuera posible.

Esa noche el cónsul y Keogh mantuvieron una consulta desesperada en el porche fresco del consulado.

"Envíalos de regreso a casa", empezó Keogh, leyendo los pensamientos de Johnny.

"Lo haría", dijo Johnny después de un breve silencio; "pero te he estado mintiendo, Billy".

"Está bien", dijo Keogh afablemente.

"Te he dicho cientos de veces", dijo Johnny lentamente, "que ya había olvidado a esa chica, ¿no es verdad?".

"Como trescientas setenta y cinco", admitió el hombre paciente.

"Mentí", repitió el cónsul, "todas las veces. Nunca la olvidé ni por un minuto. Fui un idiota obstinado por huir solo porque ella dijo 'No' una vez. Y yo era un tonto demasiado orgulloso para volver. Hablé con Rosine unos minutos esta noche en casa de Goodwin. Descubrí una cosa. ¿Recuerdas a ese granjero que siempre la perseguía?".

"¿Dink Pawson?", preguntó Keogh.

"Pink Dawson. Bueno, él no significaba nada para ella. Ella dice que no creyó ni una palabra de las cosas que él le dijo sobre mí. Pero ahora estoy arruinado, Billy. Esa tonta carta que enviamos arruinó cualquier oportunidad que me quedaba. Me despreciará cuando descubra que su anciano padre ha sido víctima de una broma de la que un escolar decente no habría sido culpable. ¡Zapatos! No podría vender veinte pares de zapatos en Coralio si tuviera una tienda aquí durante veinte años. Le pones un par de zapatos a uno de estos morenos caribes o españoles y ¿qué hace? Pararse sobre su cabeza y chillar hasta que los haya aventado. Ninguno de ellos usó zapatos y nunca lo harán. Si los mando de regreso a casa, tendré que contarles toda la historia, y ¿qué pensará ella de mí? Quiero a esa chica más que nunca, Billy, y ahora que está a mi alcance la he perdido para siempre porque traté de ser gracioso cuando el termómetro estaba en 102".

"Mantente alegre", dijo el optimista Keogh. "Y deja que abran la tienda. Yo mismo he estado ocupado esta tarde. De todos modos, podemos provocar un auge temporal en el calzado. Compraré seis pares cuando abran las puertas. Estuve por ahí y vi a todos los compañeros y les expliqué la catástrofe. Todos comprarán zapatos como si fueran ciempiés. Frank Goodwin los aceptará. Los Geddies quieren unos once pares entre ellos. Clancy va a invertir los ahorros de semanas, e incluso el viejo Dr. Gregg quiere tres pares de pantuflas de piel de caimán. Blanchard echó un vistazo a la señorita Hemstetter; y como es francés, no menos de una docena de pares le servirán.

"Una docena de clientes", dijo Johnny, "¡por un stock de zapatos de $4,000! No funcionará. Hay un gran problema aquí para resolver. Vete a casa, Billy, y déjame en paz. Tengo que trabajar en todo por mí mismo. Llévate esa botella de Tres Estrellas contigo, no, señor; ni una onza más de alcohol para el cónsul de los Estados Unidos. Me sentaré aquí esta noche y quitaré el freno de mi pensamiento. Si hay algo bueno en esta propuesta en cualquier lugar, llegare a él. Si no lo hay, habrá otro naufragio para el crédito de los hermosos trópicos".

Keogh se fue, sintiéndose inútil. Johnny dejó un puñado de cigarros sobre una mesa y se estiró en una silla. Cuando amaneció repentinamente, todavía estaba sentado allí. Luego se levantó, silbando una tonada, y se bañó.

A las nueve en punto bajó a la pequeña y lúgubre oficina del telégrafo y estuvo media hora mirando un espacio en blanco. El resultado de su solicitud fue el siguiente mensaje, que firmó y transmitió a un costo de $33:

PARA PINKNEY DAWSON
Dalesburg, Ala.
El giro por $100 le llega en el próximo correo. Envíeme inmediatamente 500 libras de erizos de mar rígidos y secos. Nuevo uso aquí en las artes. Precio de mercado veinte centavos de libra. Es probable que haya más pedidos. De prisa.

XIII: BARCOS

En una semana se había asegurado un edificio adecuado en la Calle Grande, y las existencias de zapatos del Sr. Hemstetter estaban puestas en sus estantes. El alquiler de la tienda era moderado; y los zapatos hicieron una buena exhibición de pulcras cajas blancas, atractivamente exhibidas.

Los amigos de Johnny lo apoyaron lealmente. El primer día, Keogh entró en la tienda de manera informal una vez cada hora y compró zapatos. Después de haber comprado un par de suelas extensibles, polainas de congreso, zapatos de botones, pantorrillas bajas, zapatos de baile, botas de caucho, zapatos de varios tonos, zapatos tenis y pantuflas floreadas, buscó a Johnny para que le indicara los nombres de otros tipos de zapatos que él podría preguntar. Los otros residentes de habla inglesa también desempeñaron su papel noblemente al comprar a menudo y con generosidad. Keogh era gran mariscal y les hizo distribuir su patrocinio, manteniendo así una buena racha de clientes durante varios días.

El Sr. Hemstetter se sintió complacido por la cantidad de ventas realizadas hasta el momento; pero expresó su sorpresa de que los nativos fueran tan atrasados con sus costumbres.

"Oh, son terriblemente tímidos", explicó Johnny, mientras se limpiaba la frente con nerviosismo. "Tomarán el hábito muy pronto. Vendrán a toda prisa cuando vengan".

Una tarde, Keogh se dejó caer en la oficina del cónsul, masticando un cigarro sin encender, pensativo.

"¿Tienes algo bajo la manga?", le preguntó a Johnny. "Si lo tienes, es hora de mostrarlo. Si puedes tomar prestado un sombrero de un caballero en la audiencia y hacer que salgan muchos clientes por un inventario inactivo de zapatos, será mejor que me lo digas. Todos los muchachos se han puesto calzado suficiente para que les duren diez años; y no hay nada que hacer en la zapatería excepto dolce far niente. Acabo de pasar por allí. Tu venerable víctima estaba de pie en la puerta, mirando a través de sus anteojos a los descalzos que pasaban por su emporio. Los nativos aquí tienen el verdadero temperamento artístico. Clancy y yo tomamos dieciocho ferrotipos esta mañana en dos horas. Solo se ha vendido un par de zapatos en todo el día.

Blanchard entró y compró un par de pantuflas forradas de piel porque le pareció ver a la señorita Hemstetter entrar en la tienda. Lo vi tirar las pantuflas a la laguna después".

"Mañana o al día siguiente llegará un barco frutero de Mobile", dijo Johnny. "No podemos hacer nada hasta entonces".

"¿Qué vas a hacer, tratar de crear demanda?".

"La economía política no es tu punto fuerte", dijo el cónsul con descaro. "No se puede crear demanda. Pero se puede crear una necesidad para la demanda. Eso es lo que voy a hacer".

Dos semanas después de que el cónsul enviara su telegrama, un barco frutero le trajo un enorme y misterioso bulto marrón de algún producto desconocido. La influencia de Johnny con la gente de la aduana era lo suficientemente fuerte como para que le entregaran las mercancías sin la inspección habitual. Hizo que llevaran el bulto al consulado y lo guardaran cómodamente en la trastienda.

Esa noche le abrió una esquina y sacó un puñado de erizos de mar. Los examinó con el cuidado con el que un guerrero examina sus brazos antes de salir a la batalla por su amada y su vida. Los erizos eran el producto maduro de agosto, tan duros como avellanas y llenos de espinas tan duras y afiladas como agujas. Johnny silbó suavemente una tonada y salió a buscar a Billy Keogh.

Más tarde en la noche, cuando Coralio estaba sumido en el sueño, él y Billy salieron a las calles desiertas con sus abrigos inflados como globos. Recorrieron la Calle Grande arriba y abajo, sembrando cuidadosamente los afilados erizos en la arena, a lo largo de las estrechas aceras, en cada palmo de hierba entre las casas silenciosas. Y luego tomaron las calles laterales y los desvíos, sin omitir ninguno. No se despreciaba ningún lugar donde pudiera caer el pie de un hombre, una mujer o un niño. Muchos viajes que hicieron hacia y desde el tesoro espinoso. Y luego, casi al amanecer, se acostaron a descansar tranquilamente, como hacen los grandes generales después de planear una victoria según la táctica revisada, y durmieron, sabiendo que habían sembrado con la precisión de Satanás sembrando cizaña y la perseverancia de Pablo plantando.

Con el sol naciente llegaron los proveedores de frutas y carnes, y colocaron sus mercancías en y alrededor de la pequeña casa del mercado. En un extremo de la ciudad, cerca de la orilla del mar, estaba la casa del mercado; y la siembra de los erizos no había llegado tan lejos. Los comerciantes esperaron mucho más allá de la hora en que generalmente comenzaban sus ventas. Ninguno vino a comprar. "¿Qué hay?", comenzaron a exclamar uno a otro.

A la hora acostumbrada, de cada casa y choza de palma y choza con techo de paja y patio en penumbra se deslizaban mujeres: mujeres negras, mujeres morenas, mujeres de color limón, mujeres pardas, amarillas y leonadas. Ellas eran las comerciantes que comenzaban a comprar el abasto familiar de yuca, plátano, carne, aves y tortillas. Escotadas estaban y con los brazos desnudos y los pies descalzos, con una sola falda que llegaba debajo de la rodilla. Con ojos grandes e impasibles, salían de sus portales a los estrechos senderos o a la suave hierba de las calles.

Las primeras en salir profirieron gritos ambiguos y levantaron un pie rápidamente. Otro paso y se sentaron, con agudos gritos de alarma, a quitar los nuevos y dolorosos insectos que les habían picado en los pies. "¡Qué picadores diablos!" se decían unos a otros a través de los estrechos caminos. Algunas probaron la hierba en lugar de los caminos, pero allí también fueron picadas y mordidas por las extrañas bolitas espinosas. Se tiraron sobre la hierba y sumaron sus lamentos a los de sus hermanas en los senderos arenosos. Por todo el pueblo se oía el lamento del parloteo femenino. Los vendedores en el mercado todavía se preguntaban por qué no venían clientes.

Entonces salieron los hombres, señores de la tierra. Ellos también comenzaron a brincar, bailar, cojear y maldecir. Se quedaron varados y tontos, o se agacharon para arrancar el flagelo que atacó sus pies y tobillos. Algunos proclamaron en voz alta que la plaga eran arañas venenosas de una especie desconocida.

Y luego los niños salieron corriendo para su jugueteo matutino. Y ahora al alboroto se añadían los aullidos de los niños que cojeaban y la infancia llena de erupciones. Cada minuto que avanzaba el día traía nuevas víctimas.

Doña María Castillas y Buenventura de las Casas salió de su honorable portal, como era su costumbre diaria, para comprar pan recién hecho en la panadería de enfrente. Iba vestida con una falda de raso amarillo floreado, una camisa de lino con volantes y una mantilla morada de los telares de España. Sus pies teñidos de limón, ¡ay!

estaban desnudos. Su andar fue majestuoso, pues ¿no fueron sus antepasados hidalgos de Aragón? Dio tres pasos por la hierba aterciopelada y apoyó su suela aristocrática en un puñado de erizos de Johnny. Doña María Castillas y Buenventura de las Casas aullaba como un gato montés. Dándose la vuelta, cayó sobre manos y rodillas, y se arrastró... sí, como una bestia del campo, se arrastró de regreso a su honorable puerta.

Don Señor Ildefonso Federico Valdazar, Juez de la Paz, con un peso de veinte piedras, trató de llevar su cuerpo a la pulpería de la esquina de la plaza para saciar su sed matutina. La primera zambullida de su pie descalzo en la fresca hierba golpeó una mina oculta. Don Ildefonso cayó como una catedral derrumbada, gritando que lo había picado mortalmente un alacrán mortal. Por todas partes los ciudadanos descalzos saltaban, tropezaban, cojeaban y se quitaban de los pies los insectos venenosos que en una sola noche habían venido a acosarlos.

El primero en percibir el remedio fue Esteban Delgado, el barbero, hombre de viajes y educación. Sentado sobre una piedra, se arrancó las espinas de los dedos de los pies e hizo una oración:

"¡Mirad, amigos míos, estos bichos del diablo! Los conozco bien. Surcan los cielos en enjambres como palomas. Estos son los muertos que cayeron durante la noche. En Yucatán las he visto grandes como naranjas. ¡Sí! Allí silban como serpientes y tienen alas como murciélagos. ¡Son los zapatos, los zapatos lo que uno necesita! ¡Zapatos! ¡zapatos para mí!".

Esteban fue cojeando a la tienda del Sr. Hemstetter y compró zapatos. Al salir, se pavoneaba impunemente por la calle, insultando a gritos a los bichos del diablo. Los que sufrían se sentaban o se paraban sobre un pie y contemplaban al barbero inmune. Hombres, mujeres y niños se hicieron eco del grito: "¡Zapatos! ¡zapatos!".

Se había creado la necesidad de la demanda. La demanda siguió. Ese día el Sr. Hemstetter vendió trescientos pares de zapatos.

"Es realmente sorprendente", le dijo a Johnny, quien llegó por la noche para ayudarlo a arreglar el inventario, "cómo se está recuperando el comercio. Ayer hice sólo tres ventas".

"Le dije que arrasarían cuando empezaran", dijo el cónsul.

"Creo que ordenaré una docena más de cajas de productos para mantener las existencias", dijo el Sr. Hemstetter, sonriendo a través de sus anteojos.

"Yo no ordenaría nada aún", recomendó Johnny. "Espere hasta que vea como progresa el negocio".

Cada noche, Johnny y Keogh sembraban la cosecha que producía dólares durante el día. Al cabo de diez días se habían vendido dos tercios de las existencias de zapatos; y se agotó la reserva de erizos. Johnny telegrafió a Pink Dawson por otras 500 libras, pagando veinte centavos por libra como antes. El Sr. Hemstetter hizo cuidadosamente un pedido de zapatos por un valor de $ 1,500 del norte. Johnny anduvo por la tienda hasta que este pedido estuvo listo para el correo y logró destruirlo antes de que llegara a la oficina de correos.

Esa noche llevó a Rosine bajo el árbol de mangos junto al porche de Goodwin y le confesó todo. Ella lo miró a los ojos y dijo: "Eres un hombre muy malvado. Padre y yo volveremos a casa. ¿Dices que era una broma? Creo que es un asunto muy serio".

Pero al final de la discusión de media hora, la conversación se había convertido en un tema diferente. Los dos estaban considerando los méritos respectivos del papel de pared azul pálido y rosa con el que se decoraría la antigua mansión colonial de los Atwood en Dalesburg después de la boda.

A la mañana siguiente, Johnny le confesó todo al Sr. Hemstetter. El zapatero se puso las gafas y dijo a través de ellas: "Me pareces un joven bribón de lo más extraordinario. Si no hubiera manejado esta empresa con buen juicio comercial, todos mis bienes podrían haber sido una pérdida total. Ahora, ¿cómo propones deshacerte del resto?".

Cuando llegó el segundo pedido de erizos, Johnny los cargó junto con el resto de los zapatos en una goleta y navegó por la costa hasta Alazan.

Allí, de la misma manera oscura y diabólica, repitió su éxito; y volvió con una bolsa de dinero y no tantos zapatos.

Y luego le rogó a su gran tío de barba larga y chaleco estrellado que aceptara su renuncia, porque el loto ya no lo atraía. Ansiaba las espinacas y los berros de Dalesburg.

Se sugirieron y aceptaron los servicios del Sr. William Terence Keogh como cónsul interino, *pro tem.*, y Johnny navegó con los Hemstetter de regreso a sus costas natales.

Keogh se deslizó en la sinecura del consulado estadounidense con la facilidad que nunca lo dejó ni siquiera en lugares tan altos. El establecimiento de ferrotipos pronto se convertiría en cosa del pasado, aunque su trabajo mortal a lo largo del pacífico e indefenso territorio español nunca se borró. Los inquietos socios estaban a punto de partir de nuevo, explorando por delante de las lentas filas de la fortuna. Pero ahora tomarían caminos diferentes. Había rumores de un levantamiento prometedor en Perú; y allí el marcial Clancy volvería a sus pasos aventureros. En cuanto a Keogh, estaba imaginando en su mente y en cuadernos con membretes del gobierno un esquema que empequeñecía el arte de tergiversar el semblante humano en la hojalata.

"Lo que me conviene", solía decir Keogh, "en el camino de una propuesta comercial es algo diversificado que parece una posibilidad más larga de lo que es, algo en el camino de un plan gentil que no funciona lo suficiente para las escuelas por correspondencia. Tomo el extremo largo; pero me gusta tener una oportunidad de ganar al menos tan buena como la de un hombre que aprende a jugar al póquer en un barco, o que se postula para gobernador de Texas con la candidatura republicana. Y cuando cobro mis ganancias, no quiero encontrar fichas de viudas y huérfanos en mi pila".

El globo cubierto de hierba era la mesa verde en la que jugaba Keogh. Los juegos que jugaba eran de su propia invención. No era un acaparador tras el dólar tímido. Tampoco le importaba seguirlo con cuernos y perros. Más bien le encantaba sacarlo de su hábitat en las aguas de extraños arroyos con moscas atroces y brillantes. Sin embargo, Keogh era un hombre de negocios; y sus esquemas, a pesar de su singularidad, estaban tan sólidamente establecidos como los planos de un contratista de obras. En la época de Arthur, Sir William Keogh habría sido un caballero de la Mesa Redonda. En estos días modernos cabalga por el extranjero, buscando la ganancia en lugar del Grial.

Tres días después de la partida de Johnny, dos pequeñas goletas aparecieron frente a Coralio. Después de algún retraso, un bote partió de uno de ellos y trajo a tierra a un joven quemado por el sol. Este joven tenía un ojo astuto y calculador; y miró con asombro las cosas extrañas que vio. Encontró en la playa a alguien que lo dirigió a la oficina del cónsul; y allí se dirigió con paso nervioso.

Keogh estaba tumbado en la silla oficial, dibujando caricaturas de la cabeza de su tío en un bloc de papel oficial. Miró a su visitante.

"¿Dónde está Johnny Atwood?", inquirió el joven quemado por el sol, en tono de negocios.

"Se fue", dijo Keogh, trabajando cuidadosamente en la corbata del Tío Sam.

"Es muy propio de él", comentó el moreno, apoyándose en la mesa. "Él siempre fue un tipo que se dedicaba a deambular en lugar de 'atender los negocios'. ¿Llegará pronto?".

"No lo creo", respondió Keogh después de mucha deliberación.

"Supongo que estará en alguna de sus tonterías", conjeturó el visitante, en un tono de virtuosa convicción. "Johnny nunca se apegaría a nada el tiempo suficiente para tener éxito. Me pregunto cómo se las arregla para manejar su negocio aquí y nunca estar cerca para cuidarlo".

"Yo estoy cuidando el negocio ahora, admitió el cónsul interino.

"¿Es así? Entonces dime, ¿dónde está la fábrica?".

"¿Qué fábrica?", preguntó Keogh con un interés levemente cortés.

"La fábrica donde los usan erizos. ¡Dios sabe para qué los usan, de todos modos! Tengo los sótanos de ambos barcos cargados con ellos. Te daré un descuento en este lote. He tenido a todos los hombres, mujeres y niños de Dalesburg que no estuvieron ocupados recogiéndolos durante un mes. Contraté estos barcos para traerlos. Todo el mundo pensaba que estaba loco. Ahora, puede tener este lote por quince centavos la libra, entregado en tierra. Y si quieres más, supongo que el viejo Alabama puede satisfacer la demanda. Cuando se fue de casa, Johnny me dijo que, si encontraba algo aquí abajo en el que hubiera algo de dinero, me dejaría participar. ¿Debo conducir los barcos y enganchar?".

Una mirada de deleite supremo, casi incrédulo, apareció en el rostro rubicundo de Keogh. Dejó caer su lápiz. Sus ojos se volvieron hacia el joven quemado por el sol con alegría mezclada con miedo de que su éxtasis se convirtiera en un sueño.

"Por Dios, dime", dijo Keogh ansiosamente. "Eres Dink Pawson?".

"Mi nombre es Pinkney Dawson", dijo el negociante de los erizos de mar.

Billy Keogh se deslizó embelesado de su silla a su parte favorita de estera en el suelo.

No había muchos ruidos en Coralio aquella tarde bochornosa. Entre los que hubo puede mencionarse un ruido de risa extasiada e injusta de un postrado irlandés-estadounidense, mientras un joven bronceado por el sol, con un ojo sagaz, lo miraba con asombro. También el "toc, toc, toc" de muchos pies bien calzados en las calles de afuera. Además, el lavado solitario de las olas que rompen a lo largo de las costas históricas de Tierra Firme.

XIV: MAESTRO DE LAS ARTES

Un trozo de dos pulgadas de un lápiz azul fue la varita con la que Keogh realizó los actos preliminares de su magia. Así que con esto cubrió papeles con diagramas y figuras mientras esperaba que los Estados Unidos de América le enviaran a Coralio un sucesor de Atwood, resignado.

El nuevo esquema que su mente había ideado, su valiente corazón refrendado y su lápiz azul corroborado, se articulaba en torno a las características y fragilidades humanas del nuevo presidente de Anchuria. Estas características, y la situación de la que Keogh esperaba obtener un tributo de oro, merecen una crónica que contribuya al claro orden de los acontecimientos.

El presidente Losada –muchos lo llamaban Dictador– era un hombre cuyo genio lo habría hecho notorio incluso entre los anglosajones, si ese genio no se hubiera entremezclado con otros rasgos mezquinos y subversivos. Tenía algo del elevado patriotismo de Washington (el hombre que más admiraba), la fuerza de Napoleón y mucha de la sabiduría de los sabios. Estas características podrían haberlo justificado en la asunción del título de "Ilustre Libertador", de no haber estado acompañadas de una estupenda y asombrosa vanidad que lo mantuvo en las menos dignas filas de los dictadores.

Sin embargo, hizo un gran servicio a su país. Con un poderoso agarre, casi lo liberó de las ataduras de la ignorancia y la pereza y las alimañas que se alimentaban de él, y casi lo convirtió en una potencia en el consejo de las naciones. Estableció escuelas y hospitales, construyó caminos, puentes, ferrocarriles y palacios, y otorgó generosos subsidios a las artes y las ciencias. Era el déspota absoluto y el ídolo de su pueblo. La riqueza del país se derramó en sus manos. Otros presidentes habían sido rapaces sin razón. Losada amasó una enorme riqueza, pero su pueblo tuvo su parte de los beneficios.

Su debilidad era su insaciable pasión por los monumentos y símbolos que conmemoraban su gloria. En cada pueblo hizo erigir estatuas de sí mismo con leyendas en alabanza a su grandeza. En las paredes de todos los edificios públicos se fijaron tablillas que recitaban su esplendor y la gratitud de sus súbditos. Sus estatuillas y retratos estaban esparcidos por todo el país en cada casa y choza. Uno de los aduladores de su corte lo pintó como San Juan, con un halo y una fila de asistentes en uniforme completo. Losada no vio nada incongruente en este cuadro, y lo hizo colgar en una iglesia de la capital. Encargó a un escultor francés un grupo de mármol que lo incluía a él mismo con Napoleón, Alejandro Magno y uno o dos más a quienes consideró dignos del honor.

Saqueó Europa en busca de condecoraciones, empleando la política, el dinero y la intriga para engatusar las órdenes que codiciaba de reyes y gobernantes. En ocasiones de Estado su pecho estaba cubierto de hombro a hombro con cruces, estrellas, rosas doradas, medallas y cintas. Se decía que el hombre que pudiera idear para él una nueva decoración, o inventar algún nuevo método para ensalzar su grandeza, podría hundir su mano en el tesoro.

Este era el hombre en el que Billy Keogh tenía el ojo puesto. El gentil bucanero había observado la lluvia de favores que caía sobre quienes atendían las vanidades del presidente, y no creía deber alzar su paraguas contra las gotas que caían de la fortuna líquida.

A las pocas semanas llegó el nuevo cónsul, liberando a Keogh de sus deberes temporales. Era un joven recién salido de la universidad, que vivía solo para la botánica. El consulado de Coralio le dio la oportunidad de estudiar la flora tropical. Llevaba gafas ahumadas y un paraguas verde. Llenó el fresco porche trasero del consulado con plantas y especímenes, de modo que no hubo espacio para una botella y una silla. Keogh lo miró con tristeza, pero sin rencor, y comenzó a empacar su mochila. Porque su nuevo complot contra el estancamiento a lo largo de Tierra Firme requería de él un viaje al extranjero.

Pronto llegó de nuevo el *Karlsefin* —el de hábitos vagabundos— recogiendo un cargamento de cocos para una incursión especulativa en el mercado de Nueva York. Se reservó un pasaje para Keogh en el viaje de regreso.

"Sí, me voy a Nueva York", explicó al grupo de sus compatriotas que se había reunido en la playa para despedirlo. "Pero volveré antes de que me echen de menos. He emprendido la educación artística de este país colorido, y no soy el capaz abandonarlo mientras está en las primeras etapas de los ferrotipos".

Con esta misteriosa declaración de sus intenciones, Keogh abordó el *Karlsefin*.

Diez días después, temblando, con el cuello de su fino abrigo subido, irrumpió en el estudio de Carolus White en lo alto de un edificio alto en la Tenth Street, Nueva York.

Carolus White estaba fumando un cigarrillo y friendo salchichas en una estufa de aceite. Tenía sólo veintitrés años y tenía nobles teorías sobre el arte.

"¡Billy Keogh!", exclamó White, extendiendo la mano que no estaba ocupada con la sartén. "¡Me pregunto de qué parte del mundo incivilizado vienes!".

"Hola, Carry", dijo Keogh, arrastrando un taburete y acercando los dedos a la estufa. "Me alegro de haberte encontrado tan pronto. Te he estado buscando todo el día en los directorios y galerías de arte. El hombre del almuerzo gratis en la esquina me dijo dónde estabas. Estaba seguro de que ya estarías pintando cuadros".

Keogh miró alrededor del estudio con el ojo astuto de un experto en negocios.

"Sí, puedes hacerlo", declaró, con muchos asentimientos suaves con la cabeza. "Ese grande en la esquina con los ángeles y las nubes verdes y el carro es justo el tipo de cosas que queremos. ¿Cómo llamarías a eso, Carry? Escena de Coney Island, ¿no?".

"Eso", dijo White, "tenía la intención de llamarlo 'La traducción de Elijah', pero puede que estés más cerca de la razón que yo".

"El nombre no importa", dijo Keogh; "Es el marco y las variedades de pintura lo que hace el truco. Ahora, puedo decirte en un minuto lo que quiero. He venido en un pequeño viaje de dos mil millas para llevarte conmigo. Pensé en ti tan pronto como se me mostró el plan. ¿Te gustaría volver conmigo y pintar un cuadro? Noventa días para el viaje y cinco mil dólares por el trabajo".

"¿Carteles de comida de cereales o tónicos para el cabello?", preguntó White.

"No es un letrero".

"¿Qué clase de imagen será?".

"Es una larga historia", dijo Keogh.

"Cuéntamela. Si no te importa, mientras hablas, vigilaré estas salchichas. Déjalas obtener un tono más profundo que un marrón Vandyke y las arruinarías".

Keogh explicó su proyecto. Debían regresar a Coralio, donde White se haría pasar por un distinguido retratista estadounidense que estaba de gira por los trópicos como un descanso de su arduo y remunerado trabajo profesional. No era una esperanza irrazonable, incluso para aquellos que habían transitado por los caminos trillados de los negocios, que un artista con tanto prestigio pudiera obtener una comisión para perpetuar sobre lienzo los rasgos del presidente, y asegurar una parte de los pesos que estaban lloviendo sobre los proveedores de sus debilidades".

Keogh había fijado su precio en diez mil dólares. A los artistas se les había pagado más por los retratos. Él y White debían compartir los gastos del viaje y dividir las posibles ganancias. Así, expuso el plan a White, a quien había conocido en Occidente antes de que uno se declarara a favor del arte y el otro se convirtiera en beduino.

En poco tiempo, los dos maquinadores abandonaron el rigor del estudio por un rincón acogedor de un café. Allí se sentaron hasta bien entrada la noche, con sobres viejos y el trozo de lápiz azul de Keogh entre ellos.

A las doce en punto, White se dobló en su silla, con la barbilla apoyada en el puño, y cerró los ojos ante el feo empapelado.

"Iré contigo, Billy", dijo en un tono tranquilo. "Tengo doscientos o trescientos ahorrados para comida y alquiler; y me arriesgaré contigo. ¡Cinco mil! Me dará para dos años en París y uno en Italia. Empezaré a empacar mañana".

"Empezarás en diez minutos", dijo Keogh. Ya es mañana. El *Karlsefin* sale a las cuatro de la tarde. Vamos a tu taller de pintura y te ayudaré".

Durante cinco meses al año Coralio es el Newport de Anchuria. Sólo entonces el pueblo posee vida. De noviembre a marzo es prácticamente sede del gobierno. El presidente con su familia oficial reside allí; y la sociedad lo sigue. Las personas amantes del placer hacen que la temporada sea una larga fiesta de diversión y regocijo. Fiestas, bailes, juegos, baños de mar, procesiones y pequeños teatros contribuyen a su disfrute. La famosa banda suiza de la capital toca todas las noches en la pequeña plaza, mientras los catorce carruajes y vehículos que circulan por el pueblo dan vueltas en fúnebre pero complaciente procesión. Indios de las montañas del interior, con aspecto de ídolos de piedra prehistóricos, bajan a vender sus artesanías en las calles. La gente se agolpa en los caminos angostos, una corriente charlatana, feliz y descuidada de humanidad afortunada. Niños absurdamente vestidos con faldas de ballet muy cortas y alas doradas, aúllan, bajo los pies, entre la multitud efervescente. Especialmente es la llegada de la fiesta presidencial, en la apertura de la temporada, atendida con pompa, espectáculo y demostraciones patrióticas de entusiasmo y deleite.

Cuando Keogh y White llegaron a su destino, en el viaje de regreso del *Karlsefin*, la alegre temporada de invierno había comenzado. Al pisar la playa pudieron escuchar a la banda tocando en la plaza. Las doncellas del pueblo, con luciérnagas ya fijadas en sus cabellos oscuros, se deslizaban, descalzas y con ojos coquetos, por los senderos. Hombres vestidos de lino blanco, balanceando sus bastones, iniciaban sus seductores paseos. El aire estaba lleno de esencia humana, de seducción artificial, de coquetería, indolencia, placer: el sentido de la existencia fabricado por el hombre.

Los primeros dos o tres días después de su llegada se dedicaron a los preliminares. Keogh acompañó al artista por la ciudad, presentándolo al pequeño círculo de residentes de habla inglesa y tirando de todos los cables que pudo para lograr la difusión de la fama de White como pintor. Y luego Keogh planeó una demostración más espectacular de la idea que deseaba mostrar al público.

Él y White rentaron habitaciones en el Hotel de los Extranjeros. Los dos vestían trajes nuevos de pato inmaculado, sombreros de paja estadounidenses y portaban bastones de notable singularidad e inutilidad. Pocos caballeros en Coralio, incluso los oficiales magníficamente uniformados del ejército de Anchuria, eran tan conspicuos por su naturalidad y elegancia de comportamiento como Keogh y su amigo, el gran pintor estadounidense, el señor White.

White instaló su caballete en la playa e hizo llamativos bocetos de las vistas a la montaña y al mar. La población nativa se formó a su retaguardia en un vasto semicírculo parlanchín para observar su trabajo. Keogh, con su cuidado por los detalles, se había arreglado

147

una pose que llevó a cabo con fidelidad. Su papel era el de amigo del gran artista, hombre de negocios y tiempo libre. El emblema visible de su posición era una cámara de bolsillo.

"Por tildar al hombre que lo posee", dijo, "un diletante gentil con una cuenta bancaria y una conciencia tranquila, un yate no va con una cámara. Ves a un hombre que no hace nada más que holgazanear haciendo instantáneas, y sabes de inmediato que lee bien en "Bradstreet". La gente está más impresionada con una Kodak que con un título o un alfiler de bufanda de cuatro quilates". Así que Keogh paseó tranquilamente por Coralio, fotografiando el paisaje y las señoritas cada vez más pequeñas, mientras que White posó llamativamente en las regiones más altas del arte.

Dos semanas después de su llegada, el plan comenzó a dar sus frutos. Un ayudante de campo del presidente condujo hasta el hotel en un elegante victoria. El presidente deseaba que el señor White viniera a Casa Morena para una entrevista informal.

Keogh agarró su pipa con fuerza entre los dientes. "Ni un centavo menos de diez mil", le dijo al artista, "recuerda el precio. Y en oro o su equivalente, no dejes que te atormente con esa cosa del mostrador de gangas que aquí llaman dinero".

"Tal vez no es lo que él quiere", dijo White.

"¡Sal!", dijo Keogh, con espléndida confianza. Sé lo que quiere. Quiere que su cuadro sea pintado por el célebre pintor y filibustero estadounidense que ahora reside en su oprimido país. Ve".

El victoria se alejó con el artista. Keogh caminó de un lado a otro, expulsando grandes nubes de humo de su pipa, y esperó. Al cabo de una hora, el victoria volvió a barrer la puerta del hotel, dejó a White y desapareció. El artista subió corriendo las escaleras, de tres en tres. Keogh dejó de fumar y se convirtió en un silencioso punto de interrogación.

"Conseguido", exclamó White, con su rostro juvenil enrojecido por la euforia. "Billy, eres una maravilla. Él quiere una foto. Te lo contaré todo. ¡Por los cielos! ¡Ese dictador es muy bueno! Es un dictador claro hasta la punta de los dedos. Es una especie de combinación de Julius Cæsar, Lucifer y Chauncey Depew hecha en sepia. Cortés y sombrío, así es. La habitación en la que lo vi tenía unas diez hectáreas de extensión y parecía un barco del Misisipí con sus dorados, espejos y pintura blanca. Habla inglés mejor de lo que jamás podría esperar. Surgió el tema del precio. Mencioné diez mil. Esperaba que llamara al guardia y que me sacaran y me dispararan. No movió una pestaña. Se limitó a agitar una de sus manos castañas con despreocupación y dijo: 'lo que tú digas'. Debo volver mañana y discutir con él los detalles del cuadro".

Keogh agachó la cabeza. La humillación de sí mismo era fácil de leer en su semblante abatido.

"Estoy fallando, Carry", dijo con tristeza. "Ya no estoy en condiciones de manejar estos esquemas del tamaño de un hombre. Repartir naranjas en un carrito de mano es el trabajo adecuado para mí. Cuando dije diez mil, juro que pensé que había medido el límite de ese hombre moreno con una precisión de dos centavos. Se habría derretido por quince mil con la misma facilidad. Dime, Carry, verás al viejo Keogh a salvo en algún agradable y tranquilo manicomio para idiotas, ¿no es así?, si vuelve a cometer un error como ese".

La Casa Morena, aunque de un solo piso de altura, era un edificio de piedra marrón, lujoso como un palacio en su interior. Se alzaba sobre una colina baja en un jardín amurallado de espléndida flora tropical en el borde superior de Coralio. Al día siguiente, el carruaje del presidente volvió a buscar al artista. Keogh salió a caminar por la playa, donde él y su "caja de fotos" ahora eran vistas familiares. Cuando regresó al hotel, White estaba sentado en una silla en el balcón.

"¿Y bien?", dijo Keogh, "¿tú y Su Majestad decidieron qué tipo de retrato quiere?".

White se levantó y caminó de un lado a otro en el balcón varias veces. Luego se detuvo y se rio extrañamente. Su rostro estaba sonrojado y sus ojos brillaban con una especie de furiosa diversión.

"Mira, Billy", dijo, algo rudamente, "cuando viniste a mi estudio por primera vez y me mencionaste un cuadro, pensé que querías un cartel de Avena Triturada o Tinte para Cabello pintado en una cadena montañosa o en la ladera de una montaña. Bueno, cualquiera de esos trabajos habría sido arte en su forma más alta en comparación con el que me has dado. No puedo pintar ese cuadro, Billy. Tienes que dejarme ir. Déjame tratar de decirte lo que quiere ese bárbaro. Lo tenía todo planeado e incluso hizo un boceto de su idea. El viejo no dibuja nada mal. ¡Pero, diosas del arte! escucha la monstruosidad que espera que pinte. Se quiere a sí mismo en el centro del lienzo, por supuesto. Debe ser pintado como Júpiter sentado en el Olimpo, con las nubes a sus pies. A un lado de él está George Washington, en uniforme completo, con su mano en el hombro del presidente. Un ángel con las alas extendidas se cierne sobre su cabeza y está colocando una corona de laurel en la cabeza del presidente, coronándolo; Reina de Mayo, supongo. En el fondo está el cañón, más ángeles y soldados. El hombre que pintara ese cuadro tendría que tener alma de perro, y merecería descender al olvido sin ni siquiera una lata atada a la cola para sondear su memoria".

Pequeñas gotas de humedad se deslizaron por toda la frente de Billy Keogh. La colilla de su lápiz azul no había descifrado una contingencia así. La maquinaria de su plan había funcionado con halagadora suavidad hasta ahora. Arrastró otra silla al balcón y llevó a White a su asiento. Encendió su pipa con aparente calma.

"Ahora, amigo", dijo, con gentil severidad, "tú y yo tendremos una charla de Arte a Arte. Tú tienes tu arte y yo tengo el mío. El tuyo es el verdadero material de Pierian que desprecia los letreros de cerveza Bock y las oleografías del Viejo Molino. El mío es el arte de los negocios. Este fue mi plan, y funcionó al pie de la letra. Pinta a ese presidente como el Viejo Rey Cole, o Venus, o un paisaje, o un fresco, o un ramo de lirios, o cualquier cosa que crea que se parece. Pero pon la pintura en el lienzo y recoge el botín. No me decepcionarías, Carry, en esta etapa del juego. Piensa en esos diez mil".

"No puedo evitar pensar en eso", dijo White, "y eso es lo que duele. Estoy tentado a arrojar al lodo todos los ideales que he tenido, y sumergir mi alma en la infamia pintando ese cuadro. Esos cinco mil significaron para mí tres años de estudios en el extranjero, y casi vendería mi alma por eso".

"No es tan malo como eso", dijo Keogh, con dulzura. "Es una propuesta comercial. Es pintura y tiempo contra dinero. No estoy de acuerdo con tu idea de que esa imagen sacudiría eternamente el lado artístico de la cuestión. George Washington estaba bien, ya sabes, y nadie podría decir una palabra contra el ángel. No pienso tan mal de ese grupo. Si le dieras a Júpiter un par de charreteras y una espada, y trabajaras las nubes para que pareciera un parche de moras, no sería una escena de batalla tan mala. Vaya, si no hubiéramos fijado ya el precio, él debería pagar mil más por Washington, y el ángel debería subir quinientos".

"No lo entiendes, Billy", dijo White, con una risa inquieta. "Algunos de los que tratamos de pintar tenemos grandes nociones sobre el arte. Quería pintar un cuadro algún día ante el cual la gente se parara y olvidara que estaba hecho de pintura. Quería que entrara sigilosamente en ellos como un compás de música y creciera rápidamente. Y quería que se fueran y preguntaran: '¿Qué más ha hecho?'. Y no quería que encontraran nada; ni un retrato, ni la portada de una revista, ni una ilustración, ni un dibujo de una niña, nada más que la imagen. Es por eso que he vivido de salchichas fritas y he tratado de mantenerme fiel a mí mismo. Me persuadí a mí mismo para hacer este retrato por la oportunidad que podría darme de estudiar en el extranjero. ¡Pero esta caricatura que grita y aúlla! ¡Por Dios! ¿No ves cómo es?".

"Claro", dijo Keogh, con tanta ternura como si le hubiera hablado a un niño, y colocó un largo dedo índice sobre la rodilla de White. "Lo veo. Es malo que tu arte se atasque así. Lo sé. Querías pintar algo grande como el panorama de la batalla de Gettysburg. Pero déjame hacerte un pequeño bosquejo mental para que lo consideres. Hasta la fecha, tenemos un déficit de $385.50 en este esquema. Nuestro capital tomó cada centavo que ambos pudimos recaudar. Nos queda suficiente para volver a Nueva York. Necesito mi parte de esos diez mil. Quiero hacer un negocio de cobre en Idaho y ganar cien mil. Ese es el final comercial de la cosa. Bájate de tu posición artística, Carry, y consigamos ese montón de dólares".

"Billy", dijo White esforzándose, "lo intentaré. No diré que lo haré, pero lo intentaré. Iré y lo haré si puedo".

"Así son los negocios", dijo Keogh de todo corazón. "¡Buen chico! Ahora, aquí hay otra cosa: apresura esa imagen, hazla lo más rápido que puedas. Consigue un par de chicos para que te ayuden a mezclar la pintura si es necesario. He recogido algunos consejos en la ciudad. La gente aquí está empezando a cansarse del Sr. Presidente. Dicen que ha sido demasiado liberal con las concesiones; y lo acusan de intentar regatear con Inglaterra para vender el país. Queremos que el retrato esté terminado y pagado antes de que haya una pelea".

En el gran patio de la Casa Morena, el presidente hizo estirar un gran lienzo. Bajo este White instaló su estudio temporal. Durante dos horas cada día, el gran hombre se sentaba con él.

White trabajó fielmente. Pero, a medida que avanzaba la obra, tuvo temporadas de amargo desdén, de infinito desprecio por sí mismo, de melancolía hosca y alegría sardónica. Keogh, con la paciencia de un gran general, lo tranquilizó, lo persuadió, lo discutió, lo mantuvo concentrado.

Al final de un mes, White anunció que la imagen estaba completa: Júpiter, Washington, ángeles, nubes, cañones y todo. Su rostro estaba pálido y su boca se tensó cuando le dijo a Keogh. Dijo que el presidente estaba muy complacido con eso. Iba a ser colgado en la Galería Nacional de Estadistas y Héroes. Se había solicitado al artista que regresara a la Casa Morena al día siguiente para recibir el pago. A la hora acordada salió del hotel, en silencio bajo la alegre charla de su amigo sobre su éxito.

Una hora más tarde, entró en la habitación donde esperaba Keogh, tiró el sombrero al suelo y se sentó en la mesa.

"Billy", dijo, en tono tenso y laborioso, "tengo un poco de dinero en el oeste en un pequeño negocio que mi hermano está manejando. Es de lo que he estado viviendo mientras estudié arte. Retiraré mi parte y te devolveré lo que has perdido en este plan".

"¿Qué?", exclamó Keogh saltando. "¿No te pagaron por el cuadro?".

"Sí, me pagaron", dijo White. "Pero en este momento no hay ninguna pintura, y no hay ningún pago. Si te interesa saberlo, aquí están los detalles. El presidente y yo estábamos mirando la pintura. Su secretaria trajo un giro bancario de Nueva York por diez mil dólares y me lo entregó. En el momento en que lo toqué me volví loco. Lo rompí en pedacitos y los tiré al suelo. Un obrero estaba repintando los pilares del interior del patio. Un cubo de su pintura resultó ser conveniente. Tomé su pincel y tiré un litro de pintura azul sobre esa pesadilla de diez mil dólares. Hice una reverencia y salí. El presidente no se movió ni habló. Todo esto lo tomó por sorpresa. Es duro para ti, Billy, pero no pude evitarlo".

Parecía haber emoción en Coralio. Afuera había un murmullo confuso y creciente, interrumpido por gritos agudos. "Abajo el traidor. ¡Muerte el traidor!", eran las palabras que parecían formar.

"¡Escucha eso!", exclamó White amargamente: "Sé mucho español. Están gritando: ¡Abajo el traidor! Los escuché antes. Sentí que se referían a mí. Yo era un traidor al arte. La pintura tenía que desaparecer".

"'Abajo con el tonto blanco' se habría adaptado mejor a tu caso", dijo Keogh con énfasis ardiente. "Rompes diez mil dólares como un trapo viejo porque la forma en que has esparcido pintura por valor de cinco dólares te hiere la conciencia. La próxima vez que escoja un socio secundario para un plan, el hombre tiene que ir ante un notario y jurar que ni siquiera escuchó mencionar la palabra 'ideal'".

Keogh salió de la habitación, muy enojado. White prestó poca atención a su resentimiento. El desprecio de Billy Keogh parecía una cosa insignificante al lado del mayor desprecio de sí mismo del que había escapado.

En Coralio la emoción crecía. Un levantamiento era inminente. La causa de esta demostración de descontento era la presencia en el pueblo de un inglés corpulento y de mejillas sonrosadas, de quien se decía que era un agente de su gobierno venido a cerrar el trato por el cual el presidente ponía a su pueblo en manos de una potencia extranjera. Se le acusó de que no sólo había hecho concesiones de valor incalculable, sino que la deuda pública iba a ser transferida a manos de los ingleses, y las aduanas se les entregaban como garantía. El pueblo longevo había decidido hacer sentir su protesta.

Esa noche, en Coralio y en otros pueblos, encontró desahogo su ira. Turbas que gritaban, volubles pero peligrosas, vagaban por las calles. Derribaron la gran estatua de bronce del presidente que estaba en el centro de la plaza y la cortaron en pedazos sin forma. Arrancaron de los edificios públicos las lápidas allí colocadas proclamando la gloria del "Ilustre Libertador". Sus cuadros en las oficinas gubernamentales fueron demolidos. Las turbas incluso atacaron la Casa Morena, pero fueron ahuyentadas por los militares, que se mantuvieron fieles al ejecutivo. Toda la noche reinó el terror.

La grandeza de Losada quedó demostrada por el hecho de que al mediodía del día siguiente se restableció el orden, y él seguía siendo absoluto. Emitió proclamas negando positivamente que se hubiera iniciado cualquier tipo de negociación con Inglaterra. Sir Stafford Vaughn, el inglés de mejillas rosadas, también declaró en pancartas y en prensa pública que su presencia allí no tenía importancia internacional. Era un viajero sin engaño. De hecho (así afirmó), ni siquiera había hablado con el presidente ni estado en su presencia desde su llegada.

Durante este disturbio, White se estaba preparando para su viaje de regreso a casa en el barco que debía navegar dentro de dos o tres días. Cerca del mediodía, Keogh, el inquieto, sacó su cámara con la esperanza de acelerar las horas de retraso. La ciudad estaba ahora tan tranquila como si la paz nunca se hubiera apartado de su posición en los techos de tejas rojas.

Hacia la mitad de la tarde, Keogh se apresuró a regresar al hotel con algo decididamente especial en su semblante. Se retiró al pequeño cuarto donde revelaba sus fotos.

Más tarde se reunió con White en el balcón, con una sonrisa luminosa, sombría y depredadora en su rostro.

"¿Sabes qué es eso?", preguntó, sosteniendo una fotografía de 4x5 montada en cartón.

"Una foto instantánea de una señorita sentada en la arena, aliteración no intencional", adivinó White perezosamente.

"No", dijo Keogh con ojos brillantes. "Es una honda. Es una lata de dinamita. Es una mina de oro. Es un giro a la vista de su presidente por veinte mil dólares, sí, señor, veinte mil esta vez, y no estropees la foto. No hay ética del arte en el camino. ¡Arte! ¡Tú con tus tubitos apestosos! Te tengo desollado hasta la muerte con una kodak. Mira eso".

White tomó la foto en su mano y dio un largo silbido.

¡Cielos!" exclamó, "pero eso provocaría una pelea en la ciudad si dejas que se vea. ¿Cómo diablos la conseguiste, Billy?".

"¿Conoces ese alto muro alrededor del jardín trasero del presidente? Yo estaba allí arriba tratando de obtener una vista panorámica de la ciudad. Me di cuenta de una grieta en la pared donde se había deslizado una piedra y mucho yeso. Pienso echar un vistazo para ver cómo están creciendo las coles del Sr. Presidente. Lo primero que vi fue a él y a este inglés sentados en una mesita a unos seis metros de distancia. Tenían la mesa llena de documentos y se divertían sobre ellos como dos piratas. Era un bonito rincón del jardín, todo privado y sombreado con palmeras y naranjos, y tenían un balde de champán colocado a mano en la hierba. Entonces supe que era el momento de hacer mi gran éxito en el arte. Así que levanté la máquina hasta la grieta y presioné el botón. Justo cuando lo hice, los viejos se estrecharon la mano cerrando el trato, como se ve en la imagen".

Keogh se puso su abrigo y sombrero.

"¿Qué vas a hacer con ella?", preguntó White.

"Yo", dijo Keogh en un tono herido, "voy a atarle una cinta rosa y colgarla en todos lados, por supuesto. Estoy sorprendido de ti. Pero mientras estoy fuera, trata de averiguar qué magnate del pastel de jengibre es más probable que quiera comprar esta obra de arte para su colección privada, solo para mantenerla fuera de circulación".

El atardecer enrojecía las copas de los cocoteros cuando Billy Keogh volvió de la Casa Morena. Asintió ante la mirada inquisitiva del artista; y se acostó en un catre con las manos debajo de la nuca.

"Lo vi. Pagó el dinero como un hombrecito. Al principio no querían dejarme entrar. Les dije que era importante. Sí, ese presidente está en la lista de los más capaces. Tiene un hermoso sistema de negocios sobre la forma en que usa su cerebro. Todo lo que tenía que hacer era sostener la fotografía para que pudiera verla y decir el precio. Él solo sonrió, se acercó a una caja fuerte y sacó el dinero. Puso sobre la mesa veinte billetes nuevos de la Tesorería de los Estados Unidos de mil dólares, como si fuera a pagar un dólar y veinticinco centavos. Billetes finos, también, crujieron con un sonido como quemar la maleza de un lote de diez acres".

"Probemos cómo se siente uno", dijo White con curiosidad. "Nunca vi un billete de mil dólares". Keogh no respondió de inmediato.

"Carry", dijo distraídamente, "tienes en alta estima tu arte, ¿verdad?".

"Más", dijo White con franqueza, "de lo que ha sido por el bien financiero mío y de mis amigos".

"Pensé que eras un tonto el otro día", continuó Keogh en voz baja, "y ahora no estoy seguro de que no lo fueras. Pero si tú lo eras, yo también lo soy. He estado en algunos tratos divertidos, Carry, pero siempre me las he arreglado para pelear de manera justa y comparar mi cerebro y mi capital con los de los demás. Pero cuando se trata de... bueno, cuando tienes al otro tipo en tus manos, y él tiene que aguantar... bueno, no me parece un juego de hombres. Tienen un nombre para eso, ya sabes; es... que te confunda, ¿no lo entiendes? Un tipo siente... es algo así como ese maldito arte tuyo... él... bueno, rompí esa fotografía y puse los pedazos sobre esa pila de dinero y empujé todo sobre la mesa. 'Disculpe, señor Losada', dije, 'pero supongo que me equivoqué en el precio. La foto es gratis'. Ahora, Carry, saca el lápiz y haremos algunos cálculos más. Me gustaría ahorrar lo suficiente de nuestro capital para que comas salchichas fritas en tu local cuando regreses a Nueva York".

XV: DICKY

Hay poca continuidad a lo largo de Tierra Firme. Las cosas suceden allí intermitentemente. Hasta el tiempo parece colgar diariamente su guadaña en la rama de un naranjo mientras duerme la siesta y fuma un cigarrillo.

Después de la ineficaz rebelión contra la administración del presidente Losada, el país se instaló nuevamente en la tranquila tolerancia de los abusos de los que se le acusaba. En Coralio, viejos enemigos políticos iban mano a mano, evitando por el momento toda diferencia de opinión.

El fracaso de la expedición artística no estiró a Keogh sobre su espalda. Los altibajos de la fortuna facilitaron el viaje de sus ágiles pasos. Su lápiz azul estaba trabajando de nuevo antes de que el humo del barco en el que White navegaba se hubiera despejado del horizonte. No tenía más que decirle una palabra a Geddie para encontrar su crédito negociable por cualquier artículo que quisiera de la tienda de Brannigan & Company. El mismo día en que White llegó a Nueva York, Keogh, en la parte trasera de un tren de cinco mulas cargadas con ferretería y cubiertos, dirigió su rostro hacia las lúgubres montañas del interior. Allí las tribus indias lavan polvo de oro de las corrientes auríferas; y cuando se les trae un mercado, el comercio es rápido y muy bueno en las Cordilleras.

En Coralio el tiempo plegó sus alas y anduvo cansadamente por su camino somnoliento. Los que más habían alegrado las horas adormecidas se habían ido. Clancy había navegado en una barca española hacia Colón, contemplando un corte a través del istmo y luego un nuevo viaje para terminar en Calao, donde se decía que estaba la lucha. Geddie, cuya naturaleza tranquila y afable había servido una vez para mitigar la frecuente reacción aburrida de comer lotos, ahora era un hombre hogareño, feliz con su brillante orquídea, Paula, y nunca soñaba ni se arrepentía del asunto la botella sin resolver, sellada y con monograma cuyo contenido, ahora insignificante, se mantuvo a salvo bajo la custodia del mar.

Bien puede la morsa, la más perspicaz y ecléctica de las bestias, colocar lacre a mitad de camino en su programa de temas que son pertinentes y divertidos para el oído.

Atwood, el del porche trasero hospitalario y la astucia ingenua, se había ido. El Dr. Gregg, con su historia de trepanación ardiendo en su interior, era un volcán con bigotes, siempre mostrando signos de erupción inminente, y no debía ser considerado en las filas de aquellos que podrían contribuir a mejorar el aburrimiento. La nota del nuevo cónsul repicaba con las tristes olas del mar y los violentos verdes tropicales: no tenía un compás de Scheherezade o de la Mesa Redonda en su laúd. Goodwin se ocupó en grandes proyectos: cada vez que estaba libre de ellos estaba en su casa, donde le encantaba estar. Por lo tanto, se verá que había escasez de compañerismo y entretenimiento entre el contingente extranjero de Coralio.

Y luego Dicky Maloney descendió de las nubes sobre el pueblo y lo alegró.

Nadie sabía de dónde venía Dicky Maloney ni cómo llegó a Coralio. Apareció allí un día; y eso fue todo. Luego dijo que vino en el barco frutero *Thor*; pero una inspección de la lista de pasajeros del *Thor* de esa fecha mostró que no era así. La curiosidad, sin embargo, pronto pereció; y Dicky ocupó su lugar entre los extraños peces arrojados por el Caribe.

Era un tipo activo, despreocupado, jovial, con un atractivo ojo gris, la sonrisa más irresistible, una tez más bien oscura o muy quemada por el sol y de cabello rojo más ardiente jamás visto en ese país. Hablando el idioma español tan bien como hablaba inglés, y pareciendo siempre tener mucha plata en sus bolsillos, no pasó mucho tiempo antes de que fuera un compañero bienvenido dondequiera que fuera. Tenía una afición extrema por el vino blanco y se ganó la reputación de ser capaz de beber más que tres hombres juntos en la ciudad. Todo el mundo lo llamaba "Dicky"; todos se alegraban al verlo, especialmente los nativos, para quienes su maravilloso cabello rojo y su estilo desenfadado eran una constante delicia y envidia. Dondequiera que fueras en la ciudad, pronto verías a Dicky o escucharías su risa afable, y encontrarías a su alrededor un grupo de admiradores que lo apreciaban tanto por su buen carácter como por el vino blanco que siempre estaba tan dispuesto a comprar.

Se especuló bastante sobre el motivo de su estancia allí, hasta que un día lo silenció abriendo una pequeña tienda para la venta de tabaco, dulces y artesanía de los indios del interior: tejidos de fibra y seda, zapatos de piel de venado y cestería de juncos de tule. Incluso entonces no cambió sus hábitos; porque estuvo bebiendo y jugando a las cartas la mitad del día y la noche con el comandante, el recaudador de aduanas, el jefe político y otros perros alegres entre los oficiales nativos.

Un día Dicky vio a Pasa, la hija de Madama Ortiz, sentada en la puerta lateral del Hotel de los Extranjeros. Se detuvo en seco, quieto, por primera vez en Coralio; y luego se apresuró, veloz como un ciervo, para encontrar a Vásquez, un joven nativo dorado, para presentarlo.

Los jóvenes habían llamado a Pasa *"La Santita Naranjadita"*. Naranjadita es una palabra en español para cierto color que es más difícil describir en inglés. Al decir "La santita, teñida de la más hermosa-delicada-ligeramente-naranja-dorada", te aproximarás a la descripción de la hija de Madama Ortiz.

Madama Ortiz vendía ron además de otros licores. Ahora, debes saber que el ron expía cualquier oprobio que acompañe a las otras mercancías. Porque la fabricación de ron, eso sí, es un monopolio del gobierno; y mantener un dispensario del gobierno asegura respetabilidad, si no preeminencia. Además, el más triste de los rigoristas no pudo encontrar fallas en la conducta de la tienda. Los clientes bebían allí con el ánimo más bajo y temiblemente, como a la sombra de los muertos; porque el antiguo y cacareado linaje de Madama contrarrestó incluso el deseo del ron de divertirse. Porque, ¿no era ella de los Iglesias, que desembarcó con Pizarro? ¿Y su difunto esposo no había sido comisionado de caminos y puentes para el distrito?

Por las noches, Pasa se sentaba junto a la ventana de la habitación contigua a la que bebían y tocaba soñadoramente la guitarra. Y luego, de a dos y de a tres, venían a visitar a los jóvenes caballeros y ocupaban la remilgada fila de sillas colocadas contra la pared de esta sala. Estaban allí para sitiar el corazón de "La Santita". Su método (que no está a prueba de competencia inteligente) consistía en expandir el pecho, parecer valiente y consumir uno o dos cigarrillos. Incluso los santos delicadamente anaranjados prefieren ser cortejados de otra manera.

Doña Pasa surcaba los vastos abismos del silencio nicotinizado con la música de su guitarra, mientras se preguntaba si los romances que había leído sobre caballeros galantes eran mentira. A intervalos algo regulares, Madama se deslizaba desde el dispensario con una especie de brillo en los ojos que sugería sequía, y se oía un susurro de pantalones blancos almidonados cuando uno de los caballeros proponía un aplazamiento en el bar.

Que Dicky Maloney, tarde o temprano, exploraría este campo era algo que se preveía. Pocas puertas había en Coralio por las que no se hubiera asomado su cabello pelirrojo.

En un espacio de tiempo increíblemente corto después de haberla visto por primera vez, él estaba allí, sentado junto a su mecedora. No había poses de espalda contra la pared en la teoría del cortejo de Dicky. Su plan de seducción era un ataque a quemarropa. Llevar la fortaleza con una escalada concentrada, ardiente, elocuente e irresistible: ese era el camino de Dicky.

Pasa descendía de las familias españolas más orgullosas del país. Además, ella había tenido ventajas inusuales. Dos años en una escuela de Nueva Orleans habían elevado sus ambiciones y la prepararon para un destino por encima de las doncellas ordinarias de su tierra natal. Y, sin embargo, aquí sucumbió al primer bribón pelirrojo con una lengua simplista y una sonrisa encantadora que apareció y la cortejó adecuadamente.

Muy pronto Dicky la llevó a la pequeña iglesia de la esquina de la plaza, y "Sra. Maloney" se agregó a su serie de nombres distinguidos.

Y fue su destino sentarse, con sus ojos pacientes y santos y su figura como una sopa de psique, detrás del mostrador aislado de la pequeña tienda, mientras Dicky bebía y coqueteaba con sus frívolos conocidos.

Las mujeres, con su fino instinto natural, vieron una oportunidad para la vivisección y delicadamente se burlaron de ella con sus hábitos. Ella las miró en un hermoso y constante resplandor de doloroso desprecio.

"Ustedes, vacas viejas", dijo, en su tono nivelado y claro como el cristal. "No saben nada de un hombre. Sus hombres son maromeros. Sólo son aptos para enrollar cigarrillos a la sombra hasta que el sol los golpea y los marchita. Ellos holgazanean en sus hamacas y ustedes los peinan y les dan de comer fruta fresca. Mi hombre no es de esa sangre. Que beba del vino. Cuando haya tomado lo suficiente para ahogar uno de sus flaquitos vendrá a mi casa más hombre que mil de sus pobrecitos. Él alisa y trenza mi cabello; a mí me canta; él mismo me quita los zapatos, y ahí, ahí, en cada empeine deja un beso. Él sostiene... ¡Oh, nunca lo entenderán! Ciegas que nunca han conocido a un hombre".

A veces sucedían cosas misteriosas por la noche en la tienda de Dicky. Mientras que el frente estaba oscuro, en la pequeña habitación de atrás, Dicky y algunos de sus amigos se sentaban alrededor de una mesa y mantenían una especie de negocios muy tranquilos hasta bastante tarde. Finalmente, los dejaría salir por la puerta principal con mucho cuidado y subiría a su pequeña santa. Estos visitantes eran generalmente hombres con aspecto de conspiradores con ropa y sombreros oscuros. Por supuesto, estos hechos oscuros se notaron después de un tiempo y se habló de ellos.

A Dicky parecía no importarle en absoluto la sociedad de los residentes extranjeros del pueblo. Evitó a Goodwin, y su hábil escape de la historia de la trepanación del Dr. Gregg todavía se menciona en Coralio como una obra maestra de la diplomacia relámpago.

Llegaron muchas cartas, dirigidas al "Sr. Dicky Maloney", o "Señor Dickee Maloney", para gran orgullo de Pasa. Que tanta gente deseara escribirle solo confirmaba su propia sospecha de que la luz de su cabeza roja brillaba en todo el mundo. En cuanto a su contenido nunca sintió curiosidad. ¡Había una esposa para ti!

El único error que cometió Dicky en Coralio fue quedarse sin dinero en el momento equivocado. De dónde provenía su dinero era un enigma, porque las ventas de su tienda eran casi nulas, pero esa fuente fracasó, y en un momento particularmente desafortunado. Fue cuando el comandante, don señor el coronel Encarnación Ríos, miró a la santita sentada en la tienda y sintió que se le salía el corazón.

El comandante, que estaba versado en todas las intrincadas artes de la galantería, primero insinuó delicadamente sus sentimientos al ponerse su uniforme de gala y pavonearse ferozmente de un lado a otro frente a su ventana. Pasa, mirando recatadamente con sus ojos de santidad, percibió al instante su parecido con su loro, Chichi, y se divirtió hasta el punto de una sonrisa. El comandante vio la sonrisa, que no estaba destinada a él. Convencido de la impresión que había causado, entró en la tienda, confiado, y avanzó para recibir elogios. Pasa se quedó helada; él hizo piruetas; ella brillaba majestuosamente; él estaba encantado con una persistencia imprudente; ella le ordenó que saliera de la tienda; él trató de tomar su mano, y entonces entró Dicky, sonriendo ampliamente, lleno de vino blanco y el diablo.

Dedicó cinco minutos a castigar al comandante con científica y cuidadosamente, para que el dolor se prolongara lo más posible. Al final de ese tiempo, arrojó al temerario pretendiente por la puerta sobre las piedras de la calle, sin remordimiento.

Un policía descalzo que había estado observando el asunto desde el otro lado de la calle hizo sonar un silbato. Un pelotón de cuatro soldados salió corriendo del cuartel de la esquina. Cuando vieron que el delincuente era Dicky, se detuvieron y tocaron más silbatos, lo que trajo refuerzos de ocho. Al considerar que las probabilidades en su contra eran lo suficientemente reducidas, los militares avanzaron hacia el alborotador.

Dicky, completamente imbuido del espíritu marcial, se agachó y sacó la espada del comandante, que estaba ceñida a su alrededor, y cargó contra su enemigo. Persiguió al ejército permanente cuatro cuadras, empujando juguetonamente su trasero chillón y golpeando sus tacones color jengibre.

Pero no tuvo tanto éxito con las autoridades cívicas. Seis policías ágiles y musculosos lo dominaron y lo llevaron, triunfante pero con cautela, a la cárcel. "El Diablo Colorado" lo apodaron y se burlaron de los militares por su derrota.

Dicky, con el resto de los presos, podía mirar a través de la puerta enrejada el césped de la plaza, una hilera de naranjos y los techos de tejas rojas y las paredes de adobe de una fila de tiendas insignificantes.

Al atardecer, por un sendero que cruzaba esta plaza, venía una melancólica procesión de mujeres de rostros tristes que traían plátanos, yuca, pan y frutas; cada una venía con comida para algún miserable detrás de esos barrotes a los que todavía se aferraba y proporcionaba el medio de vida. Se les permitía venir dos veces al día, por la mañana y por la noche. La república proporcionaba agua a sus invitados obligatorios, pero no comida.

Aquella noche, el guardia llamó a Dicky y éste se paró frente a los barrotes de la puerta. Allí estaba su pequeña santa, una mantilla negra le cubría la cabeza y los hombros, su rostro como una melancolía glorificada, sus ojos claros mirándolo con anhelo como si pudieran atraerlo entre los barrotes hacia ella. Ella trajo un pollo, algunas naranjas, dulces y un pedazo de pan blanco. Un soldado inspeccionó la comida y se la pasó a Dicky. Pasa habló con calma, como siempre lo hacía, brevemente, con su tono estremecedor y aflautado. "Ángel de mi vida", dijo, "no tardes mucho lejos de mí. Tú sabes que la vida no es algo que deba soportarse sin que estés a mi lado. Dime si puedo hacer algo en este asunto. Si no, esperaré un poco. Vengo de nuevo por la mañana".

Dicky, descalzo para no molestar a sus compañeros de prisión, pisoteó el suelo de la cárcel la mitad de la noche denunciando su falta de dinero y la causa de la misma, fuera cual fuera. Sabía muy bien que el dinero habría comprado su liberación de inmediato.

Durante los dos días siguientes, Pasa llegó a las horas señaladas y le trajo comida. Él preguntaba ansiosamente cada vez si había llegado alguna carta o un paquete para él, y ella sacudía la cabeza con tristeza.

En la mañana del tercer día solo trajo una pequeña barra de pan. Había círculos oscuros debajo de sus ojos. Parecía tan tranquila como siempre.

"Por jingo", dijo Dicky, que parecía hablar en inglés o en español según se apoderara de él el antojo, "esto es comida seca, muchachita. ¿Es esto lo mejor que puedes encontrar para mí?".

Pasa lo miró como una madre mira a un bebé amado pero caprichoso.

"Piénsalo mejor", dijo ella en voz baja, "ya que para la próxima comida no habrá nada. Se acabó el último centavo". Se apretó más contra la reja.

"Vende las cosas de la tienda; acepta lo que sea por ellas".

"¿No lo he intentado? ¿No los ofrecí por la décima parte de su costo? Nadie daría ni un peso. No hay un real en esta ciudad para ayudar a Dickee Malonee".

Dick apretó los dientes con gravedad. "Es culpa del comandante", gruñó. "Él es responsable de ese sentimiento. Espera, oh, espera a que se acaben las cartas".

Pasa bajó la voz hasta casi un susurro. "Y escucha, corazón de mi corazón. Me he esforzado por ser valiente, pero no puedo vivir sin ti. Tres días ahora...".

Dicky captó un leve brillo en los pliegues de su mantilla. Por una vez lo miró a la cara y la vio sin una sonrisa, severa, amenazante y resuelta. Luego, de repente, levantó la mano y su sonrisa volvió como un rayo de sol. La ronca señal de la sirena de un barco entrante sonó en el puerto. Dicky llamó al guardia que paseaba frente a la puerta: "¿Qué barco viene?".

"El *Catarina*".

"¿De la Vesuvius?".

"Sin duda".

"Ve tú, picarilla", dijo Dicky alegremente a Pasa, "con el cónsul estadounidense. Dile que deseo hablar con él. Procura que venga enseguida. ¡Y mírate! Déjame ver una mirada diferente en esos ojos, porque te prometo que tu cabeza descansará sobre este brazo esta noche".

Pasó una hora antes de que llegara el cónsul. Sostuvo su paraguas verde bajo el brazo y se secó la frente con impaciencia.

"Mira, Maloney", comenzó, capciosamente, "ustedes parecen pensar que pueden meterse en cualquier tipo de problema y esperar que yo los saque de él. No soy ni el Departamento de Guerra ni una mina de oro. Este país tiene sus leyes, ya sabes, y hay una en contra de golpear los sentidos del ejército regular. Ustedes, los irlandeses, siempre se están metiendo en problemas. No veo lo que pueda hacer. Ahora, cualquier cosa, como el tabaco, para que te sientas cómodo, o periódicos...".

"Hijo de Eli", interrumpió Dicky gravemente, "no has cambiado ni un poco. Es casi un duplicado del discurso que pronunciaste cuando los burros y los gansos del viejo Koen entraron en el desván de la capilla y los culpables querían esconderse en tu habitación".

"¡Oh, cielos!" exclamó el cónsul, ajustándose apresuradamente las gafas. "¿Eres un hombre de Yale, también? ¿Estabas en esa multitud? No creo recordar a ningún pelirrojo, ninguno llamado Maloney. Tantos universitarios parecen haber abusado de sus ventajas. Uno de los mejores matemáticos de la generación del 91 está vendiendo boletos de lotería en Belice. Un hombre de Cornell llegó aquí el mes pasado. Era segundo mayordomo en un barco de guano. Escribiré al departamento si quieres, Maloney. O si hay tabaco, o periódicos...".

"No quiero nada", interrumpió Dicky brevemente, "excepto esto. Dile al capitán del *Catarina* que Dicky Maloney quiere verlo tan pronto como pueda venir. Dile dónde estoy. Apresúrate. Eso es todo".

El cónsul, contento de que lo dejaran libre tan fácilmente, se alejó a toda prisa. El capitán del *Catarina*, un hombre corpulento, nacido en Sicilia, apareció pronto, avanzando, con poca ceremonia, a través de los guardias hasta la puerta de la cárcel. La Vesuvius Fruit Company tenía la costumbre de hacer las cosas de esa manera en Anchuria.

"Lamento muchísimo", dijo el capitán, "lamento muchísimo ver que esto ocurra. Me pongo a su servicio, Sr. Maloney. Se le proporcionará lo que necesite. Todo lo que diga se hará".

Dicky lo miró sin sonreír. Su pelo rojo no podía restar valor a su actitud de severa dignidad mientras estaba de pie, alto y tranquilo, con su boca ahora sombría formando una línea horizontal.

"Capitán De Lucco, creo que todavía tengo fondos en manos de su compañía, fondos amplios y personales. Pedí una remesa la semana pasada. El dinero no ha llegado. Sabes lo que se necesita en este juego. Dinero, dinero y más dinero. ¿Por qué no se ha enviado?".

"Por el *Cristóbal*", respondió De Lucco gesticulando, "fue enviado. ¿Dónde está el *Cristóbal*? Del Cabo Antonio la vi con un eje roto. Un barco lo remolcaba de regreso a Nueva Orleans. Traje dinero a tierra pensando que su necesidad de él podría no soportar la demora. En este sobre hay mil dólares. Hay más si lo necesita, señor Maloney".

"Por el momento será suficiente", dijo Dicky, suavizándose mientras arrugaba el sobre y miraba los billetes de media pulgada de grosor, lisos y sucios.

"¡El largo verde!" dijo, suavemente, con una nueva reverencia en su mirada. "¿Hay algo que no compre, Capitán?".

"Tenía tres amigos", respondió De Lucco, quien era un poco filósofo, "que tenían dinero. Uno de ellos especuló con acciones y ganó diez millones; otro está en el cielo, y el tercero se casó con una pobre muchacha a quien amaba".

"La respuesta, entonces", dijo Dicky, "está en manos del Todopoderoso, Wall Street y Cupido. Entonces, la pregunta permanece".

"Esto", inquirió el capitán, incluyendo el entorno de Dicky en un significativo gesto de su mano, "¿esto... no es... no está relacionado con el negocio de su tienda? ¿No hay fracaso en sus planes?".

Cuando el capitán se marchó, Dicky llamó al sargento de la brigada de la cárcel y le preguntó:

"¿Estoy preso por la autoridad civil o la militar?".

"No hay ley marcial en vigor ahora, señor".

"Bueno. Ahora ve o envía a alguien a buscar al alcalde, el Juez de la Paz y al jefe de los policías. Diles que estoy listo para satisfacer las demandas de justicia". Un billete doblado de los "largos verdes" se deslizó en las manos del sargento.

Entonces volvió a aparecer la sonrisa de Dicky, porque sabía que las horas de su cautiverio estaban contadas; y tarareaba, al compás de los pasos del guardia:

"Cuelgan hombres y mujeres ahora, por la falta de verdes".

Entonces, esa noche, Dicky se sentó junto a la ventana de la habitación sobre su tienda y su pequeña santa se sentó cerca, trabajando en algo sedoso y delicado. Dicky estaba pensativo y serio. Su cabello rojo estaba en un estado inusual de desorden. A menudo Pasa quería alisarlo y arreglarlo, pero Dicky nunca lo permitiría. Esa noche estaba estudiando un montón de mapas, libros y papeles que había sobre la mesa hasta que entre sus cejas apareció esa línea perpendicular que siempre angustiaba a Pasa. Luego fue y le trajo el sombrero, y se quedó con él hasta que él levantó la vista, inquisitivamente.

"Es triste para ti aquí", explicó. "Sal y bebe algo de vino blanco. Vuelve cuando te salga esa sonrisa que solías llevar. Eso es lo que deseo ver".

Dicky se rio y tiró sus papeles. "La etapa del vino blanco ya pasó. Ha cumplido su turno. Quizá, después de todo, entró menos en mi boca y más en mis oídos de lo que la gente pensaba. Pero esta noche no habrá más mapas ni ceños fruncidos. Te lo prometo. Ven".

Se sentaron en una silla de caña junto a la ventana y contemplaron los reflejos temblorosos de las luces del *Catarina* reflejados en el puerto.

En ese momento, Pasa emitió uno de sus infrecuentes chirridos de risa audible.

"Estaba pensando", comenzó, anticipándose a la pregunta de Dicky, "en las cosas tontas que las chicas tienen en mente. Debido a que fui a la escuela en los Estados Unidos, solía tener ambiciones. Nada menos que ser la esposa del presidente me satisfaría. ¡Y mira, sinvergüenza rojo, a qué oscuro destino me has robado!".

"No pierdas la esperanza", dijo Dicky, sonriendo. "Más de un irlandés ha sido gobernante de un país sudamericano. Hubo un dictador de Chile llamado O'Higgins. ¿Por qué no un presidente Maloney, de Anchuria? Di la palabra, santa mía, y empezaremos la carrera".

"¡No, no, no, pelirrojo imprudente!", dijo Pasa; "Estoy contenta aquí", y apoyó la cabeza contra su brazo.

XVI: ROJO Y NEGRO

Se ha señalado que la desafección siguió a la elevación de Losada a la presidencia. Este sentimiento siguió creciendo. A lo largo de toda la república parecía haber un espíritu de descontento silencioso y resentimiento. Incluso el viejo Partido Liberal al que Goodwin, Zavalla y otros patriotas habían prestado su ayuda quedó decepcionado. Losada no había logrado convertirse en un ídolo popular. Nuevos impuestos, nuevos derechos de importación y, sobre todo, su tolerancia a la escandalosa opresión de los ciudadanos por parte de los militares lo habían convertido en el presidente más detestable desde el despreciable Alforán. La mayoría de su propio gabinete no simpatizaba con él. El ejército, al que había cortejado dándole licencia para tiranizar, había sido su apoyo principal y hasta el momento adecuado.

Pero el movimiento más poco político de la administración había sido cuando se enfrentó a la Vesuvius Fruit Company, una organización que manejaba doce barcos y con un capital en efectivo algo mayor que el excedente y la deuda de Anchuria juntos.

Razonablemente, una empresa establecida como la Vesuvius se irritaría por tener una república pequeña y minorista sin ningún intento de exprimirla. Entonces, cuando los apoderados del gobierno solicitaron un subsidio, se encontraron con una negativa cortés. El presidente tomó represalias de inmediato imponiendo un derecho de exportación de un real por racimo de plátanos, algo sin precedentes en los países productores de frutas. La Vesuvius Company había invertido grandes sumas en muelles y plantaciones a lo largo de la costa de Anchuria, sus agentes habían construido hermosas casas en las ciudades donde tenían su cuartel general y hasta entonces habían trabajado con la república de buena voluntad y en beneficio de ambos. Perdería una suma inmensa si se le obligaba a mudarse. El precio de venta del banano de Veracruz a Trinidad era de tres reales el racimo. Este nuevo impuesto de un real habría arruinado a los fruticultores de Anchuria y habría incomodado gravemente a la Vesuvius Company si se hubiera negado a pagarlo. Pero por alguna razón, la Vesuvius siguió comprando fruta de Anchuria, pagando cuatro reales por ella; sin hacer sufrir a los cultivadores al cargar con la pérdida.

Esta aparente victoria engañó a Su Excelencia; y empezó a tener hambre de más. Envió a un emisario para solicitar una conferencia con un representante de la frutícola. La Vesuvius envió al señor Franzoni, un hombre corpulento, alegre, siempre fresco y con aires silbantes de las óperas de Verdi. Señor Espirition, de la oficina del ministro de Finanzas, intentó manipular a la compañía en nombre de Anchuria. El encuentro tuvo lugar en el camarote del *Salvador*, de la línea Vesuvius.

El señor Espirition abrió las negociaciones anunciando que el gobierno contemplaba la construcción de un ferrocarril para bordear las tierras de la costa aluvial. Después de mencionar los beneficios que tal camino conferiría a los intereses de la Vesuvius, llegó a la sugerencia definitiva de que una contribución a los gastos del camino de, digamos, cincuenta mil pesos no sería más que el equivalente de los beneficios recibidos.

El Sr. Franzoni negó que su empresa recibiría algún beneficio de un camino contemplado. Como su representante deberá abstenerse de aportar cincuenta mil pesos. Pero asumiría la responsabilidad de ofrecer veinticinco.

"¿El señor Espirition entendió del señor Franzoni veinticinco mil pesos?".

"De ninguna manera. Veinticinco pesos. Y en plata; no en oro".

"Su oferta ofende a mi gobierno", dijo el señor Espirition, levantándose indignado.

"Entonces", dijo el Sr. Franzoni en tono de advertencia, "lo cambiaremos".

La oferta nunca cambió. ¿Se refería el Sr. Franzoni al gobierno?".

Este era el estado de las cosas en Anchuria cuando se abrió la temporada de invierno en Coralio al final del segundo año de la administración de Losada. Así, cuando el gobierno y la sociedad hacían su éxodo anual a la orilla del mar, era evidente que el advenimiento presidencial no se celebraría con regocijo ilimitado. El diez de noviembre era el día señalado para la entrada en Coralio de la alegre compañía de la capital. Un ferrocarril de vía estrecha corre veinte millas hacia el interior desde Solitas. El grupo del gobierno viaja en carruaje desde San Mateo hasta el punto terminal de esta vía, y continúa en tren hasta Solitas. De aquí marchan en gran procesión hasta Coralio donde, el día de su venida, abundan las fiestas y ceremonias. Pero esta temporada vio un detestable amanecer del diez de noviembre.

Aunque la temporada de lluvias había terminado, el día parecía recordar el apestoso junio. Una fina llovizna cayó durante toda la mañana. La procesión entró en Coralio en medio de un extraño silencio.

El presidente Losada era un anciano, de barba canosa, con una proporción considerable de sangre india revelada en su tez canela. Su carroza encabezaba la procesión, rodeada y custodiada por el capitán Cruz y su famosa tropa de cien caballos ligeros "El Ciento Huilando". Le siguió el coronel Rocas, con un regimiento del ejército regular.

Los ojos agudos y brillantes del presidente miraron a su alrededor en busca de la esperada demostración de bienvenida; pero se enfrentó a un conjunto impasible e indiferente de ciudadanos. Los anchurianos son mirones por nacimiento y hábito, y acudieron a su última unidad capaz de presenciar la escena; pero mantuvieron un silencio acusador. Llenaron las calles hasta los mismos surcos de las ruedas; cubrieron los techos de tejas rojas hasta el alero, pero nunca hubo un "viva" de ellos. De las ventanas y balcones no colgaban coronas de ramas de palmeras y limoneros ni preciosas ristras de rosas de papel como era costumbre. Había una apatía, una desaprobación sorda y disidente, que era tan siniestra que desconcertaba. Nadie temía un estallido, una revuelta de los descontentos, porque no tenían líder. El presidente y sus fieles nunca habían oído siquiera susurrar entre ellos un nombre capaz de cristalizar el descontento en oposición. No, no podría haber peligro. El pueblo siempre procuraba un nuevo ídolo antes de destruir uno viejo.

Por fin, después de un prodigioso galope y curvatura de mayores con fajas rojas, coroneles con galones dorados y generales con charreteras, se formó la procesión para su marcha anual por la Calle Grande hasta la Casa Morena, donde siempre se realizaba la ceremonia de bienvenida al presidente visitante.

La banda suiza encabezó la línea de marcha. Tras él, cabriolaba el comandante local, a caballo, y un destacamento de sus tropas. A continuación, venía un carruaje con cuatro miembros del gabinete, destacándose entre ellos el ministro de la Guerra, el anciano general

Pilar, con su bigote blanco y su porte marcial. Luego el vehículo del presidente, en el que también estaban los ministros de Hacienda y de Estado; y rodeados por la caballería ligera del capitán Cruz formada en una cerrada fila doble de cuatro. Siguiéndoles, el resto de los funcionarios del Estado, los jueces y distinguidos ornamentos militares y sociales de la vida pública y privada.

Cuando la banda tocó y comenzó el movimiento, como un pájaro de mal agüero, el *Valhalla*, el barco más veloz de la línea de la Vesuvius, se deslizó hacia el puerto a la vista del presidente y su séquito. Por supuesto, no había nada amenazante en su llegada, una empresa comercial no va a la guerra con una nación, pero le recordó al señor Espirition y a otros en esos carruajes que la Vesuvius Fruit Company sin duda tenía algo bajo la manga para ellos.

Para cuando el grupo de la procesión llegó al edificio del gobierno, el capitán Cronin, del *Valhalla*, y el Sr. Vincenti, miembro de la Vesuvius Company, habían desembarcado y se abrían paso, fanfarrones, cordiales y despreocupados, a través de la multitud en la acera estrecha. Vestidos de lino blanco, grandes, elegantes, con un aire de autoridad jovial, se hicieron figuras conspicuas entre la masa oscura de anchurianos poco imponentes, mientras penetraban a pocos metros de los escalones de la Casa Morena. Mirando fácilmente por encima de las cabezas de la multitud, vieron otro que se elevaba por encima de los nativos pequeños. Era el golpe de fuego de Dicky Maloney contra la pared junto al escalón inferior; y su amplia y seductora sonrisa mostraba que reconocía su presencia.

Dicky se había vestido apropiadamente para la ocasión festiva con un traje negro que le quedaba bien. Pasa estaba cerca de él, con la cabeza cubierta con la omnipresente mantilla negra.

El Sr. Vincenti la miro atentamente.

"La Madonna de Botticelli", comentó gravemente. "Me pregunto cuándo entró en el juego. No me gusta que se enrede con las mujeres. Esperaba que se mantuviera alejado de ellas".

La risa del capitán Cronin casi atrajo la atención del desfile.

"¡Con esa cabellera! ¡Alejarse de las mujeres! ¡Y un Maloney! ¿No tiene permiso? Pero, tonterías aparte, ¿qué opinas de las opciones? Es una especie de filibusterismo fuera de mi línea".

Vincenti miró de nuevo la cabeza de Dicky y sonrió.

172

"Rojo y negro", dijo. "Ahí tienes. Hagan su jugada, caballeros. Nuestro dinero está el rojo".

"El juego del muchacho", dijo Cronin, con una mirada de elogio a la figura alta junto a los escalones. "Pero para mí todo es como un teatro nocturno. La charla es más grande que el escenario; hay un olor a gasolina en el aire, y ellos son su propia audiencia y cambiadores de escena".

Dejaron de hablar, porque el general Pilar había bajado del primer carruaje y se había puesto de pie en el último escalón de la Casa Morena. Como miembro más antiguo del gabinete, la costumbre había decretado que diera el discurso de bienvenida, entregando las llaves de la residencia oficial al presidente en su cierre.

El general Pilar fue uno de los ciudadanos más ilustres de la república. Héroe de tres guerras e innumerables revoluciones, fue un invitado de honor en las cortes y campos europeos. Orador elocuente y amigo del pueblo, representaba el tipo más elevado de los anchurianos.

Sosteniendo en su mano las llaves doradas de la Casa Morena, comenzó su discurso en forma histórica, refiriéndose a cada administración y al avance de la civilización y la prosperidad desde la primera tenue lucha por la libertad hasta la actualidad. Al llegar al régimen del presidente Losada, momento en el que, según la jurisprudencia, debería haber pronunciado un elogio sobre su sabia conducta y la felicidad del pueblo, el general Pilar hizo una pausa. Luego, en silencio, levantó el manojo de llaves por encima de su cabeza, con los ojos observándolo de cerca. La cinta con la que estaban atados ondeaba con la brisa.

"Todavía sopla", gritó el orador, exultante. "Ciudadanos de Anchuria, agradezcan a los santos esta noche que nuestro aire sigue siendo libre".

Al deshacerse así de la administración de Losada, volvió abruptamente a la de Olivarra, el gobernante más popular de Anchuria. Olivarra había sido asesinado nueve años antes, cuando estaba en la flor de la vida y la utilidad. Una facción del Partido Liberal encabezada por el propio Losada había sido acusada del hecho. Culpable o no, pasaron ocho años antes de que el ambicioso e intrigante Losada lograra su objetivo.

Sobre este tema se desató la elocuencia del general Pilar. Describió al bienhechor Olivarra con mano amorosa. Recordó al pueblo la paz, la seguridad y la alegría que habían disfrutado durante ese período. Recordó con vívidos detalles y con significativo contraste la última estancia invernal del presidente Olivarra en Coralio, cuando su aparición en sus fiestas fue la señal de estruendosos gritos de amor y aprobación.

La primera expresión pública de sentimiento de la gente ese día se manifestó. Un murmullo bajo y sostenido recorrió entre ellos como las olas rompiendo en la orilla.

"Diez dólares para una cena en el Saint Charles", comentó el Sr. Vincenti, "que rojo gana".

"Nunca apuesto contra mis propios intereses", dijo el capitán Cronin, encendiendo un cigarro. "El tipo tiene mucho aliento, para su edad. ¿De qué está hablando?".

"Mi español", respondió Vincenti, "corre como diez palabras por minuto; el suyo es algo alrededor de doscientas. Lo que sea que esté diciendo, los está exaltando".

"Amigos y hermanos", decía el general Pilar, "puedo extender mi mano este día a través del lamentable silencio de la tumba a Olivarra el Bueno, al gobernante que fue uno de ustedes, cuyas lágrimas cayeron cuando ustedes sufrían, y cuya sonrisa siguió a la alegría de ustedes... se los regresaría, pero... Olivarra está muerto... ¡muerto a manos de un cobarde asesino!".

El orador se volvió y miró audazmente al carruaje del presidente. Su brazo permaneció extendido en alto como para sostener su discurso. El presidente escuchaba, horrorizado, este notable discurso de bienvenida. Estaba hundido en su asiento, temblando de rabia y sorprendido, sus manos oscuras agarrando con fuerza los cojines del carruaje.

Medio incorporándose, extendió un brazo hacia el orador y le gritó una orden áspera al capitán Cruz. El líder de los "Ciento Huilando" montaba su caballo, inmóvil, con los brazos cruzados, sin dar señales de haber escuchado. Losada se hundió de nuevo, sus rasgos oscuros palidecieron claramente.

"¿Quién dice que Olivarra está muerto?" gritó de repente el orador, con su voz, a pesar de lo vieja que era, sonando como una trompeta de batalla. "Su cuerpo yace en la tumba, pero a las personas que amaba les ha legado su espíritu, su saber, su coraje, su bondad, su juventud, su imagen... gente de Anchuria, ¿han olvidado a Ramón, el hijo de Olivarra?".

Cronin y Vincenti, observando atentamente, vieron a Dicky Maloney quitarse de pronto el sombrero, arrancarse la melena pelirroja, subir los escalones de un salto y situarse al lado del general Pilar. El ministro de Guerra puso su brazo sobre los hombros del joven. Todos los que habían conocido al presidente Olivarra volvían a ver su misma pose leonina, la misma expresión franca e inalterable, la misma frente alta con la peculiar línea de la negra cabellera.

El general Pilar era un orador experimentado. Aprovechó el momento de silencio que precedió a la tormenta.

"Ciudadanos de Anchuria", anunció con voz fuerte, sosteniendo en alto las llaves de la Casa Morena, "estoy aquí para entregar estas llaves, las llaves de sus hogares y libertad, a su presidente elegido. ¿Se los entrego al asesino de Enrico Olivarra o a su hijo?".

"¡Olivarra! ¡Olivarra!", gritó y exclamó la multitud. Todos vociferaban el nombre mágico: hombres, mujeres, niños y hasta los loros.

Y el entusiasmo no se limitó a la sangre del pueblo. El coronel Rocas subió los escalones y dejó teatralmente su espada a los pies del joven Ramón Olivarra. Cuatro miembros del gabinete lo abrazaron. El capitán Cruz dio una orden, y veinte de El Ciento Huilando desmontaron y se dispusieron en cordón alrededor de las gradas de la Casa Morena.

Pero Ramón Olivarra aprovechó ese momento para demostrar que era un genio y un político nato. Hizo un gesto a esos soldados para que se apartaran y descendió los escalones hasta la calle. Allí, sin perder la dignidad ni la distinguida elegancia que le trajo la pérdida de su pelo rojo, tomó en su seno al proletariado: los descalzos, los sucios, los indios, los caribes, los niños, los mendigos, los viejos, los jóvenes, los santos, los soldados y los demás. pecadores, no echó de menos a ninguno de ellos.

Mientras se presentaba este acto del drama, los cambiadores de escena habían estado ocupados en las tareas que les habían sido asignadas. Dos de hombres de la caballería de Cruz habían agarrado las riendas de los caballos de Losada; otros formaron una estrecha guardia alrededor del carruaje; y partieron al galope con el tirano y sus dos impopulares ministros. Sin duda se les había preparado un lugar. Hay varios apartamentos de piedra bien enrejados en Coralio.

"Rojo gana", dijo el Sr. Vincenti mientras encendía calmadamente otro cigarro.

El capitán Cronin había estado observando atentamente la vecindad de los escalones de piedra durante algún tiempo.

"¡Buen chico!", exclamó de repente, como si estuviera aliviado. "Me preguntaba si se iba a olvidar de su Kathleen Mavourneen".

El joven Olivarra había vuelto a subir los escalones y había dirigido unas palabras al general Pilar. Entonces el distinguido veterano descendió y se acercó a Pasa, que seguía parada, con los ojos maravillados, donde Dicky la había dejado. Con su sombrero de plumas en la mano, y sus medallas y condecoraciones brillando en el pecho, el general le habló y le dio el brazo, y subieron juntos las escalinatas de piedra de la Casa Morena. Y entonces Ramón Olivarra se adelantó y le tomó ambas manos ante todo el pueblo.

Y mientras los vítores estallaban de nuevo por todas partes, el capitán Cronin y el Sr. Vincenti dieron media vuelta y caminaron hacia la orilla donde los esperaba el bote.

"Habrá otro 'presidente proclamado' por la mañana", dijo Vincenti, meditabundo. "Por regla general, no son tan confiables como los elegidos, pero este joven parece tener algunas cosas buenas en él. Planificó y maniobró toda la campaña. La viuda de Olivarra, ya sabes, era rica. Después de que su esposo fuera asesinado, se fue a los Estados Unidos y educó a su hijo en Yale. La Vesuvius Company lo siguió y lo apoyó en el pequeño juego".

"Es algo glorioso", dijo Cronin, medio en broma, "poder despedir a un gobierno e insertar uno de tu elección, en estos días".

"Oh, es sólo cuestión de negocios", dijo Vincenti, deteniéndose y ofreciendo la colilla de su cigarro a un mono que se colgaba de un árbol; "y eso es lo que mueve al mundo de hoy. Ese real extra sobre el precio de las bananas tenía que desaparecer. Tomamos el camino más corto para eliminarlo".

XVII: DOS RECORDATORIOS

Quedan tres escenas por realizar antes de que caiga el telón sobre la comedia remendada. Se han prometido dos: el tercero no es menos obligatorio.

En el programa de este vodevil tropical se planteó que se daría a conocer por qué Shorty O'Day, de la Agencia de Detectives de Columbia, perdió su puesto. También que Smith venga de nuevo a contarnos qué misterio siguió aquella noche en las costas de Anchuria cuando esparció tantas colillas de cigarro alrededor de la palma de coco durante su solitaria vigilia nocturna en la playa. Estas cosas fueron prometidas; pero aún queda algo más importante por lograr: la aclaración de un aparente error que se ha cometido de acuerdo con la serie de hechos registrados (expuestos con veracidad) que se han presentado. Y una sola voz, hablando, hará estas tres cosas.

Dos hombres se sentaron en un larguero de un muelle de North River en la ciudad de Nueva York. Un barco del trópico había comenzado a descargar plátanos y naranjas en el muelle. De vez en cuando, uno o dos plátanos caían de un racimo demasiado maduro, y uno de los dos hombres avanzaba arrastrando los pies, tomaba la fruta y regresaba para compartirla con su compañero.

Uno de los hombres estaba en la última etapa de deterioro. Hasta donde la lluvia, el viento y el sol pudieran arruinar las prendas que vestía, ya estaba hecho. En su persona los estragos de la bebida eran claramente visibles. Y, sin embargo, sobre su nariz rubicunda y de puente alto se alzaban con desenvoltura un par de gafas brillantes e impecables con montura dorada.

El otro hombre no había llegado tan lejos en la carretera descendente de los incompetentes. Verdaderamente, la flor de su virilidad había echado semillas, semillas que, tal vez, ninguna tierra podría germinar. Pero todavía había cruces a lo largo de su viaje por los que aún podría recuperar el camino de la utilidad sin perturbar a los milagros dormidos. Este hombre era bajo y de complexión compacta. Tenía un ojo oblicuo, muerto, como el de una mantarraya, y el bigote de un mezclador de cócteles. Conocemos el ojo y el bigote; sabemos que Smith, el del yate lujoso, el vestido espléndido, la misión misteriosa, la desaparición mágica, ha vuelto, aunque despojado de los accesorios de su estado anterior.

Al tercer plátano, el hombre de las gafas en la nariz lo escupió con un escalofrío.

"¡Diablos, llévate toda la fruta!", remarcó en un tono de disgusto. "Viví durante dos años donde crecen estas cosas. El recuerdo de su sabor se queda contigo. Las naranjas no son tan malas. Mira si puedes reunir un par de ellas, O'Day, cuando aparezca la próxima caja rota".

"¿Viviste con los monos?", preguntó el otro, poco hablador por el sol y la reconfortante comida de frutas jugosas. "Estuve allí abajo una vez. Pero solo por unas pocas horas. Eso fue cuando estaba en la Agencia de Detectives de Columbia. La gente mono me arruinó. Todavía tendría mi trabajo si no hubiera sido por ellos. Te lo contaré".

"Un día, el jefe envió una nota a la oficina que decía: 'Envíe a O'Day aquí de inmediato para un gran negocio'. Yo era el detective experto de la agencia en ese momento. Siempre me dieron los trabajos grandes. La dirección desde la que escribió el jefe estaba en el distrito de Wall Street".

"Cuando llegué allí, lo encontré en una oficina privada con muchos directores que se veían bastante confundidos. Expusieron el caso. El presidente de la Republic Insurance Company se había escapado con cerca de una décima de millón de dólares en efectivo. Los directores lo querían de vuelta con muchas ganas, pero querían aún más el dinero. Dijeron que lo necesitaban. Habían rastreado los movimientos del anciano hasta donde abordó un barco con destino a Sudamérica esa misma mañana con su hija y una gran mochila: toda la familia que tenía".

"Uno de los directores tenía su yate carbonizado listo para el viaje; y él me lo entregó. En cuatro horas estaba a bordo de él, y siguiendo el rastro de la tina de frutas. Tenía una idea bastante clara de hacia dónde se dirigiría el viejo Wahrfield; ese era su nombre, J. Churchill Wahrfield. En ese momento teníamos un tratado con casi todos los países extranjeros excepto Bélgica y esa república bananera, Anchuria. No había ni una foto del viejo Wahrfield en Nueva York (había sido astuto allí), pero tenía su descripción. Y además, la dama que lo acompañaba sería un delatador en cualquier lugar. Era una de las personalidades de la alta sociedad, no de las que tienen sus fotos en los periódicos dominicales, sino de las que abren espectáculos de crisantemos y bautizan barcos de guerra".

"Bueno, señor, nunca vimos esa tina de frutas en el camino. El océano es un lugar bastante grande; y supongo que tomamos diferentes caminos a través de él. Pero seguimos hacia esta Anchuria, adonde se dirigía el frutero".

"Llegamos a la costa de los monos una tarde alrededor de las cuatro. Había un barco de aspecto andrajoso frente a la costa cargando plátanos. Los monos la cargaban con grandes barcazas. Podría ser el que había tomado el anciano, o podría no serlo. Bajé a tierra para mirar alrededor. El paisaje estaba bastante bien. Nunca vi nada mejor en Nueva York. Golpeé a un estadounidense en la orilla, un tipo grande y agradable, que estaba de pie con los monos. Me mostró la oficina del cónsul. El cónsul era un joven simpático. Dijo que el frutero era el *Karlsefin*, que viajaba generalmente a Nueva Orleans, pero llevó su último cargamento a Nueva York. Entonces estuve seguro de que mi objetivo estaba a bordo, aunque todos me dijeron que no había desembarcado ningún pasajero. No pensé que desembarcarían hasta después del anochecer, porque podrían haber sido cautelosos al ver mi yate dando vueltas. Entonces, todo lo que tenía que hacer era esperar y atraparlos cuando llegaran a tierra. No podía arrestar al viejo Wahrfield sin documentos de extradición, pero mi plan era conseguir el dinero. Por lo general, se dan por vencidos si atacas cuando están cansados, agitados y nerviosos".

"Después del anochecer, me senté debajo de un cocotero en la playa por un rato, y luego caminé e investigué un poco ese pueblo, y fue suficiente para tener problemas. Si un hombre pudiera quedarse en Nueva York y ser honesto, sería mejor que lo hiciera antes que atacar a ese pueblo de monos con un millón".

"Diminutas casas de barro; hierba sobre la parte superior de tus zapatos en las calles; damas con cuello bajo y mangas cortas paseando y fumando cigarros; ranas arborícolas traqueteando fuertemente; grandes montañas tirando grava en los patios traseros, y el mar lamiendo la pintura del frente; no, señor, más vale que un hombre esté en el país de Dios viviendo con almuerzo gratis que allí".

"La calle principal corría a lo largo de la playa, caminé por ella y luego tomé una especie de callejón donde las casas estaban hechas de postes y paja. Quería ver qué hacían los monos cuando no estaban trepando a los cocoteros. En la primera choza en la que miré vi a mi gente. Debieron desembarcar mientras yo paseaba. Un hombre de unos cincuenta años, rostro terso, cejas pobladas, vestido con un paño negro, que parecía estar a punto de decir: '¿Puede cualquier niño en la escuela dominical responder a eso?'. Sostenía algo que pesaba como una docena de lingotes de oro, y una chica elegante y muy bella, con un corte de la Quinta Avenida, estaba sentada en una silla de madera. Una anciana negra estaba preparando café y frijoles en una mesa. La luz venía de una linterna colgada en un clavo. Fui y me paré en la puerta, me miraron, y dije:

"'Señor. Wahrfield, es mi prisionero. Espero que, por el bien de la dama, tome el asunto con sensatez. Sabe por qué lo busco".

"¿Quién es usted?", preguntó el anciano.

"'O'Day', respondí, 'de la Agencia de Detectives de Columbia. Y ahora, señor, permítame darle un buen consejo. Vuelva y enfrente las consecuencias como un hombre. Devuélvales lo robado; y tal vez lo dejen libre. Vuelva con calma y hablaré por usted. Le daré cinco minutos para decidir'. Saqué mi reloj y esperé".

"Entonces la joven intervino. Ella era una de las genuinas de alto nivel. Por la forma en que le quedaba la ropa y el estilo que tenía, se notaba que la Quinta Avenida estaba hecha para ella".

"'Entre', dijo ella. No se pare en la puerta y moleste a toda la calle con ese traje. Ahora, ¿qué es lo que quiere?".

"'Ya pasaron tres minutos', dije. "Se lo diré de nuevo cuando pasen los otros dos".

"'Admite que es el presidente de la Republic, ¿no es así?".

"'Lo soy', dijo él".

"'Bueno, entonces', le dije, 'debería estar claro para usted. Se busca en Nueva York a J. Churchill Wahrfield, presidente de la Republic Insurance Company'".

"'También los fondos pertenecientes a dicha compañía, ahora bajo su poder, en posesión ilegal de dicho J. Churchill Wahrfield'".

"'Oh-h-h', dijo la joven dama, meditativa, '¿nos quiere llevar de regreso a Nueva York?'".

"'Llevar al Sr. Wahrfield. No hay cargos en contra de usted, señorita. Por supuesto, no habrá objeción si desea regresar con su padre'".

"De repente, la joven dio un pequeño grito y agarró al viejo por el cuello. '¡Oh, padre, padre!', dijo, en una especie de contralto, '¿es esto cierto? ¿Has tomado dinero que no es tuyo? ¡Habla, padre!'. Te estremecías al oír que el trémolo se detenía y le ponía la voz".

"El viejo se veía bastante chiflado cuando ella lo agarró por primera vez, pero ella continuó, susurrándole al oído y dándole palmaditas en el hombro hasta que se quedó quieto, pero sudando un poco".

"Ella lo llevó a un lado y hablaron por un minuto, luego él se puso unos anteojos dorados y caminó hacia mí y me entregó el botín".

"'Señor detective' dijo, hablando un poco entrecortado, 'decidí regresar con usted. He acabado de descubrir que la vida en esta costa desolada y descontenta sería peor que morir. Volveré y me entregaré a la merced de la Republic Company. ¿Trajo un arco?'".

"'¿Arco?', respondí; 'No tengo ningún...'".

"'Barco', interrumpió la joven. 'No se haga el gracioso. Mi padre es de origen alemán y no habla bien nuestro idioma. ¿Cómo llegó aquí?'".

"La joven estaba destrozada. Tenía un pañuelo en la cara y no dejaba de decir: '¡Oh, padre, padre!'. Caminó hacia mí y puso su mano blanca como un lirio sobre la ropa que le había repugnado en un principio. Olí un millón de violetas. Ella era excepcional. Le dije que vine en un yate privado".

"'Sr. O'Day', dijo ella, 'Oh, sáquenos de este horrible lugar. ¿Puede hacerlo? Diga que lo hará'".

"'Lo intentaré', dije, escondiendo el hecho de que moría por llevarlos al mar antes de que cambiaran de opinión".

"Una cosa contra la que ambos renegaron fue atravesar la ciudad hasta el embarcadero. Dijeron que temían la publicidad, y ahora que iban a regresar, tenían la esperanza de que el asunto aún no saliera en los periódicos. Juraron que no irían a menos que los llevara al yate sin que nadie lo supiera, así que accedí a su petición".

"Los marineros que me llevaron a tierra estaban jugando al billar en un bar cerca del mar, esperando órdenes, y les propuse que llevaran el bote por la playa media milla más o menos, y nos llevaran allí. La cuestión era cómo hacerles saber, porque no podía dejar el botín con el prisionero, y no podía llevármelo conmigo, sin saber que los monos podrían robarme".

"La joven dijo que la vieja negra les llevaría una nota. Me senté y la escribí, y se la di a la señora con instrucciones claras de qué hacer, y ella sonrió como un babuino y sacudió la cabeza".

"Luego, el Sr. Wahrfield le habló en una serie de dialectos extranjeros, y ella asintió con la cabeza y dijo: 'Vea, señor', tal vez cincuenta veces, y se fue con la nota".

"'La vieja Augusta solo entiende alemán', dijo la señorita Wahrfield, sonriéndome. "Paramos en su casa para preguntar dónde podíamos encontrar hospedaje, y ella insistió en que tomáramos café. Ella nos dice que se crio en una familia alemana en Santo Domingo'".

"'Muy probable', dije. 'Yo no sé palabras en alemán, excepto nix verstay y noch einst. Sin embargo, habría apostado a que ese 'vea, señor' era francés'".

"Bueno, los tres nos escabullimos por las afueras de la ciudad para no ser vistos. Nos enredamos mucho en las enredaderas y los helechos y los arbustos de plátano y el paisaje tropical. Los suburbios de los monos eran tan salvajes como los lugares de Central Park. Salimos a la playa una buena media milla más abajo. Un tipo moreno yacía dormido bajo un cocotero, con un mosquete de tres metros a su lado. El Sr. Wahrfield tomó el arma y la arrojó al mar. 'La costa está vigilada', dice. 'La rebelión y los complots maduran como la fruta'. Señaló al hombre dormido, que nunca se movió. 'Así', dice, 'realizan guardias. ¡Novatos!'".

"Vi venir nuestro barco, encendí una cerilla y encendí un trozo de periódico para mostrarles dónde estábamos. En treinta minutos estábamos a bordo del yate".

"Lo primero, el Sr. Wahrfield, su hija y yo llevamos el botín a la cabina del propietario, la abrimos y lo contamos. En él había ciento cinco mil dólares, billetes de la Tesorería de Estados Unidos, además de un montón de joyas de diamantes y un par de cientos de habanos. Le di al anciano los cigarros y un recibo por el resto del lote, como agente de la compañía, y guardé las cosas bajo llave en mis aposentos privados".

"Nunca tuve un viaje más placentero que ese. Después de que nos hicimos a la mar, la joven resultó ser la más alegre del mundo. La primera vez que nos sentamos a cenar, y el mayordomo llenó su copa con champán (el yate del director era un Waldorf-Astoria flotante regular), me guiñó un ojo y dijo: '¿De qué sirve buscar problemas, Sr. Policía? Aquí está la esperanza de que puedas vivir para comerte la gallina que araña tu tumba'. Había un piano a bordo, y ella se sentó y cantó tan bien que renunciarías a cualquier cosa para escucharla de nuevo muchas veces. Sabía unas nueve óperas de principio a fin. Estaba segura de que tenía buen tono. Ella no tenía igual; ¡Ella pertenecía a la lista de menciones especiales!".

"El anciano también se animó asombrosamente en el camino. Pasó los cigarros y me dijo una vez, bastante alegre, saliendo de una nube de humo: 'Sr. O'Day, de alguna manera creo que la Republic Company no me causará muchos problemas. Cuide bien la valija del dinero, señor O'Day, para que se les devuelva lo que les corresponde cuando lleguemos'".

"Cuando desembarcamos en Nueva York, llamé al jefe para que nos encontrara en la oficina de ese director. Cogimos un taxi y nos fuimos allí. Llevé el botín y entramos, y me complació ver que el jefe había reunido a esa misma vieja multitud de tacaños con rostros sonrosados y chalecos blancos para vernos entrar. Dejé el botín sobre la mesa. 'Ahí está el dinero', dije".

"'¿Y el prisionero?', dijo el jefe".

"Señalé al Sr. Wahrfield, el avanzó y dijo:
'Concédame el honor de explicarle, señor'".

"Él y el jefe se fueron a otra habitación y se quedaron diez minutos. Cuando regresaron, el jefe se veía tan negro como una tonelada de carbón".

"'¿Este señor', me dice, 'tenía esta maleta en su poder cuando usted lo vio por primera vez?'".

"'Así es', respondí".

"El jefe tomó la maleta y se la entregó al prisionero con una reverencia diciendo a la multitud del director: '¿Alguno de ustedes reconoce a este señor?'".

"Todos sacudieron sus rostros rosados".

"'Permítanme presentarlo', prosiguió, 'el señor Miraflores, presidente de la República de Anchuria. El señor ha consentido generosamente en pasar por alto este escandaloso error, con la condición de que nos comprometamos a protegerlo contra la molestia de los comentarios públicos. Es una concesión de su parte pasar por alto un insulto por el cual podría reclamar una reparación internacional. Creo que podemos prometerle con gratitud el secreto del asunto'".

"Todos aceptaron".

"'O'Day', me dice. 'Como detective privado estás perdido. En una guerra, donde el secuestro de gobiernos está en las reglas, serías invaluable. Ven a la oficina a las once'".

"Sabía lo que eso significaba".

"'Así que ese es el presidente de los monos', dije yo. 'Bueno, ¿por qué no pudo haberlo dicho antes?'".

"¿No te molestaría?".

XVIII: EL VITAGRAFOSCOPIO

El vodevil es intrínsecamente episódico y discontinuo. Sus audiencias no exigen desenlaces. Suficiente para cada "giro" es el mal del mismo. A nadie le importa cuántos romances pueda haber tenido la actriz cantante si puede sostener hábilmente el centro de atención y una nota alta o dos. Al público no le importa si los perros que actúan se van a la perrera en el momento en que han saltado su último aro. No desean informes sobre las posibles lesiones que reciba el ciclista cómico que se retira de cabeza del escenario en un choque de con la vajilla de china. Tampoco consideran que sus boletos de asiento les den derecho a ser instruidos sobre si existe o no un sentimiento entre la dama solista del banjo y el monologuista irlandés.

Por lo tanto, no dejemos que se levante el telón sobre un cuadro de los amantes unidos, en seguidos por la villanía derrotada y menospreciados por la criada y el mayordomo cómicos, arrojados como una compensación a los asientos de cincuenta centavos.

Pero nuestro programa termina con un breve "giro" o dos; y luego a las salidas. Quienquiera que se quede sentado puede encontrar, si quiere, el hilo delgado que une, aunque sea muy levemente, la historia que, quizás, solo la morsa entenderá.

Extractos de una carta del primer vicepresidente de la Republic Insurance Company, de Nueva York, para Frank Goodwin, de Coralio, República de Anchuria.

Estimado Sr. Goodwin: Nos ha llegado su comunicación con los Sres. Howland y Fourchet, de Nueva Orleans. También su giro en N. Y. por $100,000, la cantidad extraída de los fondos de esta empresa por el difunto J. Churchill Wahrfield, su expresidente... Los funcionarios y directores se unen para solicitarme que le exprese su sincero aprecio y agradecimiento por su pronta y apreciada devolución de la totalidad de la suma faltante dentro de las dos semanas posteriores a su desaparición. ... Puedo asegurarle que no se permitirá que el asunto reciba la menor publicidad. ... Lamento sobremanera la angustiosa muerte del Sr. Wahrfield por su propia mano, pero… Felicidades por su matrimonio con la Srta. Wahrfield… muchos encantos, buenos modales, carácter noble y femenino y envidiable posición en la mejor sociedad metropolitana…

Cordialmente suyos,
Lucius E. Applegate,
Primer vicepresidente de la Republic Insurance Company.

El Vitagrafoscopio
(Imágenes en movimiento)

La Última Salchicha

ESCENA – *Estudio de un artista.* El artista, un joven de aspecto atractivo, está sentado con una actitud abatida, en medio de un montón de bocetos, con la cabeza apoyada en la mano. Una estufa de aceite se encuentra sobre una caja de pino en el centro del estudio. El artista se levanta, se ajusta el cinturón a otro agujero y enciende la estufa. Se dirige a una caja de pan de hojalata, semioculta por un biombo, saca un solo trozo de salchicha, le da la vuelta a la caja para mostrar que no hay más y arroja la salchicha a una sartén, que coloca sobre la estufa. La llama de la estufa se apaga, indicando que ya no queda aceite. El artista, en evidente desesperación, agarra la salchicha, en una súbita muestra de rabia, y la arroja violentamente. Al mismo tiempo se abre una puerta, y un hombre que entra recibe la salchicha a la fuerza contra su nariz. Parece gritar; y se observa que da uno o dos pasos de baile, vigorosamente. El recién llegado es un hombre de rostro rubicundo, activo y de aspecto entusiasta, aparentemente de ascendencia irlandesa. Luego se observa que se ríe sin moderación; patea la estufa; palmea con vehemencia al artista (que se esfuerza en vano por agarrarle la mano) en la espalda. Luego pasa a una pantomima que revela al espectador suficientemente inteligente que ha adquirido grandes sumas de dinero intercambiando hachas y navajas de afeitar a los indios de las montañas de la Cordillera por polvo de oro. Saca un rollo de dinero del tamaño de una pequeña barra de pan de su bolsillo y lo agita por encima de su cabeza, mientras al mismo tiempo hace el gesto de beber de un vaso. El artista rápidamente asegura su sombrero y los dos salen juntos del estudio.

Escritura en la Arena

ESCENA – *La playa de Niza.* Una mujer, hermosa, aún joven, exquisitamente vestida, complaciente, serena, se reclina cerca del agua, garabateando ociosamente letras en la arena con el bastón de su sombrilla de seda. La belleza de su rostro es audaz; su pose lánguida es una que sientes que no es permanente: esperas, expectante, a que salte, se deslice o se arrastre, como una pantera que inexplicablemente se ha quedado inmóvil. Garabatea ociosamente en la arena; y la palabra que siempre escribe es "Isabel". Un hombre se sienta a unos metros de distancia. Puedes ver que son compañeros, aunque ya no sean amigos. Su rostro es oscuro y suave, y casi inescrutable, pero no del todo. Los dos conversan poco. El hombre también rasca la arena con su bastón. Y la palabra que escribe es "Anchuria". Y luego mira hacia donde se entremezclan el Mediterráneo y el cielo, con la muerte en la mirada.

La Jungla y Tú

ESCENA – *Las fronteras del Estado de un caballero en una región tropical.* Un indio anciano, con el rostro color caoba, está podando el pasto en una tumba junto a un manglar. Ahora se pone de pie y camina lentamente hacia una arboleda sombreada por el breve crepúsculo creciente. En el borde de la arboleda se encuentran un hombre fornido, de aire amable y cortés, y una mujer de serena y nítida hermosura. Cuando el indio se acerca a ellos, el hombre deja caer dinero en su mano. El sepulturero, con el imperturbable orgullo de su raza, lo toma como algo que le corresponde y sigue su camino. Los dos en el borde de la arboleda dan la vuelta por el camino en penumbra y caminan muy cerca, porque, después de todo, ¿qué es el mundo en su mejor expresión sino un pequeño campo redondo de imágenes en movimiento con dos caminando juntos en él?

TELÓN

ÍNDICE